Bescherelle
POCHE

- Les tableaux pour conjuguer
- Les règles pour accorder
- Tous les verbes d'usage courant

HATIER

HATIER - Paris, juin 1999 – ISBN 978-2-218-93023-2 - ISSN 09903771

Toute représentation, traduction, adaptation ou reproduction, même partielle, par tous procédés, en tous pays, faite sans autorisation préalable est illicite et exposerait le contrevenant à des poursuites judiciaires.
Réf. : loi du 11 mars 1957, alinéas 2 et 3 de l'article 41.
Une représentation ou reproduction sans autorisation de l'éditeur ou du Centre Français d'Exploitation du droit de Copie (20, rue des Grands Augustins, 75006 Paris) constituerait une contrefaçon sanctionnée par les articles 425 et suivants du Code Pénal.

Vente interdite au Canada

AVANT-PROPOS

Qu'est-ce que la conjugaison ?

La conjugaison est la liste des formes qui, pour chaque verbe, donnent les indications de personne, de nombre, de temps et d'aspect, de mode et de voix. Conjuguer un verbe, c'est énumérer ces formes.

La mauvaise réputation de la conjugaison du français est largement immérité. Il est vrai que le nombre des formes du verbe est important : 96 formes, simplement pour l'actif. Mais il en va de même dans bien des langues. En outre, la plupart de ces formes sont immédiatement prévisibles. Ainsi, pour l'ensemble des formes composées, il suffit, pour les former correctement, de disposer des trois informations suivantes : la forme de participe passé du verbe, l'auxiliaire utilisé et la conjugaison des deux auxiliaires. Comme on le verra, les formes simples (c'est-à-dire sans auxiliaire) présentent, paradoxalement, un peu plus de difficultés. Mais ces difficultés n'ont rien d'insurmontable.

Quelle est la structure du Bescherelle Poche ?

Le Bescherelle Poche donne les indications nécessaires pour trouver rapidement les formes des verbes le plus couramment utilisés en français.

• 88 tableaux (numérotés de 1 à 88)

Ils donnent, pour les 88 verbes retenus comme modèles, l'ensemble des formes simples et composées. L'existence des formes surcomposées est rappelée dans chaque tableau.

• La Grammaire du verbe

Elle donne toutes les indications nécessaires sur la morphologie du verbe (c'est-à-dire la description des formes) et sur sa syntaxe (c'est-à-dire ses relations avec les autres mots de la phrase, notamment les phénomènes d'accord).

• L'index grammatical

Il permet de se référer commodément aux notions expliquées dans la grammaire.

- *La liste alphabétique des verbes courants de la langue française*

Pour chacun des verbes énumérés à l'infinitif et classés par ordre alphabétique, figurent des indications sur leur construction et la manière dont ils s'accordent. Un renvoi à l'un des 88 tableaux permet de résoudre immédiatement les éventuels problèmes de conjugaison.

SOMMAIRE

SUBJONCTIF

① *Présent* | ① *Passé*

Présent	*Passé*
que je broie	que j'aie broyé
que tu broies	que tu aies broyé
qu'il broie	qu'il ait broyé
que nous broyions	que nous ayons broyé
que vous broyiez	que vous ayez broyé
qu'ils broient	qu'ils aient broyé

Imparfait	*Plus-que-parfait*
que je broyasse	④ que j'eusse broyé
que tu broyasses	que tu eusses broyé
qu'il broyât	qu'il eût broyé
que nous broyassions	que nous eussions broyé
que vous broyassiez	que vous eussiez broyé
qu'ils broyassent	qu'ils eussent broyé

IMPÉRATIF

Présent	*Passé*
broie	aie broyé
broyons	ayons broyé
broyez	ayez broyé

⑤ INFINITIF

Présent	*Passé*
broyer	avoir broyé

⑤ PARTICIPE

Présent	*Passé*
broyant	broyé
	ayant broyé

⑤ ⑦ GÉRONDIF

Présent	*Passé*
en broyant	⑥ en ayant broyé

③ • Forme surcomposée : *j'ai eu broyé* (→ Grammaire du verbe, paragraphes 92, 141, 154).

• Les verbes en **-oyer** et **-uyer** changent l'y du radical en i devant un **e** muet (terminaisons **e, es, ent, erai..., erais...**). Exceptions : **envoyer** et **renvoyer**, qui sont irréguliers au futur et au conditionnel présent (→ tableau 19). Remarquer la présence de l'i après y aux deux premières personnes du pluriel à l'imparfait de l'indicatif et au présent du subjonctif.

① Un regroupement des temps simples et composés

Leur regroupement permet de mettre en évidence les correspondances entre les différents temps, et de lever certaines ambiguïtés : ainsi, *ayant dit* apparaît bien comme une forme composée du participe présent.

② De la couleur pour mémoriser

Sont notées en rouge :
– les 1res personnes du singulier et du pluriel, pour mettre en évidence les changements de radicaux ;
– les difficultés orthographiques particulières.

③ Forme surcomposée

L'évolution de la langue nous a conduit à mentionner la 1re personne de ces nouveaux temps.

④ Que

Cette présentation rappelle que, sans être un élément de morphologie verbale, « que » permet de distinguer les formes, souvent semblables, du subjonctif et de l'indicatif.

⑤ Un regroupement des modes impersonnels

L'infinitif, le participe passé et le gérondif sont regroupés.

⑥ Participe passé

Les tableaux ne donnant que des éléments de morphologie verbale, le participe est donné au masculin singulier. Pour résoudre les problèmes d'accord, voir la Liste alphabétique et la Grammaire du verbe.

⑦ La présence du gérondif

C'est un des modes impersonnels du verbe. Il apparaît dans tous les tableaux de cette nouvelle édition, au même titre que l'infinitif et le participe passé.

INDICATIF

Présent	Passé composé
je suis	j'ai été
tu es	tu as été
il est	il a été
nous sommes	nous avons été
vous êtes	vous avez été
ils sont	ils ont été

Imparfait	Plus-que-parfait
j'étais	j'avais été
tu étais	tu avais été
il était	il avait été
nous étions	nous avions été
vous étiez	vous aviez été
ils étaient	ils avaient été

Passé simple	Passé antérieur
je fus	j'eus été
tu fus	tu eus été
il fut	il eut été
nous fûmes	nous eûmes été
vous fûtes	vous eûtes été
ils furent	ils eurent été

Futur simple	Futur antérieur
je serai	j'aurai été
tu seras	tu auras été
il sera	il aura été
nous serons	nous aurons été
vous serez	vous aurez été
ils seront	ils auront été

CONDITIONNEL

Présent	Passé
je serais	j'aurais été
tu serais	tu aurais été
il serait	il aurait été
nous serions	nous aurions été
vous seriez	vous auriez été
ils seraient	ils auraient été

Passé 2e forme

mêmes formes que le plus-que-parfait du subjonctif.

SUBJONCTIF

Présent	*Passé*
que je sois	que j'aie été
que tu sois	que tu aies été
qu'il soit	qu'il ait été
que nous soyons	que nous ayons été
que vous soyez	que vous ayez été
qu'ils soient	qu'ils aient été

Imparfait	*Plus-que-parfait*
que je fusse	que j'eusse été
que tu fusses	que tu eusses été
qu'il fût	qu'il eût été
que nous fussions	que nous eussions été
que vous fussiez	que vous eussiez été
qu'ils fussent	qu'ils eussent été

IMPÉRATIF

Présent	*Passé*
sois	aie été
soyons	ayons été
soyez	ayez été

INFINITIF

Présent	*Passé*
être	avoir été

PARTICIPE

Présent	*Passé*
étant	été
	ayant été

GÉRONDIF

Présent	*Passé*
en étant	en ayant été

• **Être** sert d'auxiliaire :

  1. pour les temps simples de la voix passive : *il est aimé* ;

  2. pour les temps composés des verbes pronominaux : *il s'est blessé* ;

  3. à quelques verbes intransitifs qui, dans la liste alphabétique des verbes, sont suivis de la mention *être*.

• Certains verbes se conjuguent tantôt avec **être**, tantôt avec **avoir** : ils sont signalés, dans la liste alphabétique, par *être* ou *avoir*. → tableau 3

• Le participe *été* est toujours invariable.

INDICATIF

Présent	*Passé composé*
j'ai	j'ai eu
tu as	tu as eu
il a	il a eu
nous avons	nous avons eu
vous avez	vous avez eu
ils ont	ils ont eu

Imparfait	*Plus-que-parfait*
j'avais	j'avais eu
tu avais	tu avais eu
il avait	il avait eu
nous avions	nous avions eu
vous aviez	vous aviez eu
ils avaient	ils avaient eu

Passé simple	*Passé antérieur*
j'eus	j'eus eu
tu eus	tu eus eu
il eut	il eut eu
nous eûmes	nous eûmes eu
vous eûtes	vous eûtes eu
ils eurent	ils eurent eu

Futur simple	*Futur antérieur*
j'aurai	j'aurai eu
tu auras	tu auras eu
il aura	il aura eu
nous aurons	nous aurons eu
vous aurez	vous aurez eu
ils auront	ils auront eu

CONDITIONNEL

Présent	*Passé*
j'aurais	j'aurais eu
tu aurais	tu aurais eu
il aurait	il aurait eu
nous aurions	nous aurions eu
vous auriez	vous auriez eu
ils auraient	ils auraient eu

Passé 2e forme

mêmes formes que le plus-que-parfait
du subjonctif.

SUBJONCTIF

Présent	*Passé*
que j'aie	que j'aie eu
que tu aies	que tu aies eu
qu'il ait	qu'il ait eu
que nous ayons	que nous ayons eu
que vous ayez	que vous ayez eu
qu'ils aient	qu'ils aient eu

Imparfait	*Plus-que-parfait*
que j'eusse	que j'eusse eu
que tu eusses	que tu eusses eu
qu'il eût	qu'il eût eu
que nous eussions	que nous eussions eu
que vous eussiez	que vous eussiez eu
qu'ils eussent	qu'ils eussent eu

IMPÉRATIF

Présent	*Passé*
aie	aie eu
ayons	ayons eu
ayez	ayez eu

INFINITIF

Présent	*Passé*
avoir	avoir eu

PARTICIPE

Présent	*Passé*
ayant	eu
	ayant eu

GÉRONDIF

Présent	*Passé*
en ayant	en ayant eu

• **Avoir** est un verbe transitif quand il a un complément d'objet direct : *J'ai un beau livre.*
Il sert d'auxiliaire pour les temps composés de tous les verbes transitifs et d'un grand nombre d'intransitifs.

• Les quelques verbes intransitifs qui utilisent l'auxiliaire *être* sont signalés dans la liste alphabétique des verbes.

Le problème du choix de l'auxiliaire se pose rarement. En effet, la plupart des verbes utilisent, pour leurs formes composées, un seul auxiliaire : **être** ou **avoir**. Il existe cependant un petit nombre de verbes qui utilisent alternativement les deux auxiliaires **avoir** et **être**.

aborder	décroître	entrer, rentrer
aboutir	dégénérer	expirer
accoucher	déménager	faillir
accourir	dénicher	grandir
accroître	descendre,	grossir
alunir	redescendre	jaillir
amerrir	diminuer	maigrir
apparaître	disconvenir	monter, remonter
atterrir	disparaître	paraître
augmenter	divorcer	passer, repasser
avorter	échapper	ressusciter
baisser	échouer	résulter
changer	éclater	retourner
commencer	éclore	sortir, ressortir
crever	embellir	tomber
croître	empirer	trépasser
déborder	enchérir	vieillir
déchoir	enlaidir	

A Des verbes tantôt transitifs, tantôt intransitifs

Certains de ces verbes peuvent s'employer alternativement de façon transitive et intransitive (= avec ou sans complément d'objet). Ils utilisent l'auxiliaire **avoir** quand ils sont transitifs (*il a sorti son revolver*), l'auxiliaire **être** quand ils sont intransitifs (*il est sorti*).

Il a sorti son revolver <u>de sa poche</u>
　　　　　COD　　　　CC

Il est sorti de la salle à reculons
　　　　　　　　CC

B Des verbes intransitifs employés avec être et avoir

Certains verbes intransitifs peuvent, selon le cas, faire apparaître l'auxiliaire **avoir** ou l'auxiliaire **être**. Le premier insiste sur l'action en train de se faire ; le second la présente comme accomplie.

J'ai divorcé. (on insiste sur le fait de divorcer)

Je suis divorcé. (on considère le résultat de l'action de divorcer)

C Un double choix

La question du choix de l'auxiliaire se pose doublement pour les verbes suivants :

aborder	changer	empirer
accoucher	déménager	enlaidir
accroître	descendre,	expirer
augmenter	redescendre	monter, remonter
avorter	échouer	passer, repasser
baisser	embellir	ressusciter

En effet, ils relèvent simultanément des deux cas expliqués dans les § A et B

- Transitifs, ils s'utilisent toujours avec l'auxiliaire **avoir** :

  Nous avons changé la roue
  COD

- Intransitifs, ils font alterner les deux auxiliaires :

  Elle a bien changé en deux ans.

  Elle est bien changée aujourd'hui.

▶ Les verbes susceptibles d'employer tour à tour les deux auxiliaires sont suivis de la mention *être* ou *avoir* dans la liste alphabétique des verbes qui figure à la fin de cet ouvrage.

INDICATIF

Présent	*Passé composé*
je suis aimé	j'ai été aimé
tu es aimé	tu as été aimé
il est aimé	il a été aimé
nous sommes aimés	nous avons été aimés
vous êtes aimés	vous avez été aimés
ils sont aimés	ils ont été aimés

Imparfait	*Plus-que-parfait*
j'étais aimé	j'avais été aimé
tu étais aimé	tu avais été aimé
il était aimé	il avait été aimé
nous étions aimés	nous avions été aimés
vous étiez aimés	vous aviez été aimés
ils étaient aimés	ils avaient été aimés

Passé simple	*Passé antérieur*
je fus aimé	j'eus été aimé
tu fus aimé	tu eus été aimé
il fut aimé	il eut été aimé
nous fûmes aimés	nous eûmes été aimés
vous fûtes aimés	vous eûtes été aimés
ils furent aimés	ils eurent été aimés

Futur simple	*Futur antérieur*
je serai aimé	j'aurai été aimé
tu seras aimé	tu auras été aimé
il sera aimé	il aura été aimé
nous serons aimés	nous aurons été aimés
vous serez aimés	vous aurez été aimés
ils seront aimés	ils auront été aimés

CONDITIONNEL

Présent	*Passé*
je serais aimé	j'aurais été aimé
tu serais aimé	tu aurais été aimé
il serait aimé	il aurait été aimé
nous serions aimés	nous aurions été aimés
vous seriez aimés	vous auriez été aimés
ils seraient aimés	ils auraient été aimés

Passé 2e forme

mêmes formes que le plus-que-parfait du subjonctif.

SUBJONCTIF

Présent	*Passé*
que je sois aimé	que j'aie été aimé
que tu sois aimé	que tu aies été aimé
qu'il soit aimé	qu'il ait été aimé
que nous soyons aimés	que nous ayons été aimés
que vous soyez aimés	que vous ayez été aimés
qu'ils soient aimés	qu'ils aient été aimés

Imparfait	*Plus-que-parfait*
que je fusse aimé	que j'eusse été aimé
que tu fusses aimé	que tu eusses été aimé
qu'il fût aimé	qu'il eût été aimé
que nous fussions aimés	que nous eussions été aimés
que vous fussiez aimés	que vous eussiez été aimés
qu'ils fussent aimés	qu'ils eussent été aimés

IMPÉRATIF

Présent	*Passé*
sois aimé	
soyons aimés	
soyez aimés	

INFINITIF

Présent	*Passé*
être aimé	avoir été aimé

PARTICIPE

Présent	*Passé*
étant aimé	aimé
	ayant été aimé

GÉRONDIF

Présent	*Passé*
en étant aimé	en ayant été aimé

• Le participe passé du verbe à la forme passive s'accorde toujours avec le sujet :
Elle est aimée.

INDICATIF

Présent

je me méfie
tu te méfies
il se méfie
nous nous méfions
vous vous méfiez
ils se méfient

Imparfait

je me méfiais
tu te méfiais
il se méfiait
nous nous méfiions
vous vous méfiiez
ils se méfiaient

Passé simple

je me méfiai
tu te méfias
il se méfia
nous nous méfiâmes
vous vous méfiâtes
ils se méfièrent

Futur simple

je me méfierai
tu te méfieras
il se méfiera
nous nous méfierons
vous vous méfierez
ils se méfieront

Passé composé

je me suis méfié
tu t' es méfié
il s' est méfié
nous nous sommes méfiés
vous vous êtes méfiés
ils se sont méfiés

Plus-que-parfait

je m' étais méfié
tu t' étais méfié
il s' était méfié
nous nous étions méfiés
vous vous étiez méfiés
ils s' étaient méfiés

Passé antérieur

je me fus méfié
tu te fus méfié
il se fut méfié
nous nous fûmes méfiés
vous vous fûtes méfiés
ils se furent méfiés

Futur antérieur

je me serai méfié
tu te seras méfié
il se sera méfié
nous nous serons méfiés
vous vous serez méfiés
ils se seront méfiés

CONDITIONNEL

Présent

je me méfierais
tu te méfierais
il se méfierait
nous nous méfierions
vous vous méfieriez
ils se méfieraient

Passé

je me serais méfié
tu te serais méfié
il se serait méfié
nous nous serions méfiés
vous vous seriez méfiés
ils se seraient méfiés

Passé 2ᵉ forme

mêmes formes que le plus-que-parfait
du subjonctif.

SUBJONCTIF

Présent	*Passé*
que je me méfie	que je me sois méfié
que tu te méfies	que tu te sois méfié
qu'il se méfie	qu'il se soit méfié
que nous nous méfiions	que nous nous soyons méfiés
que vous vous méfiiez	que vous vous soyez méfiés
qu'ils se méfient	qu'ils se soient méfiés

Imparfait	*Plus-que-parfait*
que je me méfiasse	que je me fusse méfié
que tu te méfiasses	que tu te fusses méfié
qu'il se méfiât	qu'il se fût méfié
que nous nous méfiassions	que nous nous fussions méfiés
que vous vous méfiassiez	que vous vous fussiez méfiés
qu'ils se méfiassent	qu'ils se fussent méfiés

IMPÉRATIF

Présent	*Passé*
méfie-toi	
méfions-nous	
méfiez-vous	

INFINITIF

Présent	*Passé*
se méfier	s'être méfié

PARTICIPE

Présent	*Passé*
se méfiant	s'étant méfié

GÉRONDIF

Présent	*Passé*
en se méfiant	en s'étant méfié

• Dans la liste des verbes qui figure à la fin de l'ouvrage, les verbes pronominaux sont suivis de la lettre *P*.

• Un petit nombre de ces verbes ont un participe passé invariable *(ils se sont nui)*. Ils sont signalés par : *p.p. invariable*.

• Les verbes réciproques ne s'emploient qu'au pluriel *(ils s'entretuèrent au lieu de s'entraider)*.

Qu'est-ce qu'un affixe ?

Toute forme verbale peut se décomposer en différents éléments variables : les radicaux (en noir) et les affixes (en rouge).

À partir de verbes modèles, le tableau suivant présente, pour chaque groupe de verbes, l'ensemble des affixes qui apparaissent dans la conjugaison.

- Certains affixes n'apparaissent jamais en position finale et indiquent le temps auquel est conjugué le verbe (-ai, pour l'imparfait, -r- pour le futur…).

- D'autres affixes apparaissent en position finale : ils indiquent la personne et le nombre du verbe (-ons pour la première personne du pluriel…), et parfois même le temps.

Tableau récapitulatif

1er groupe	2e groupe	3e groupe			
		INDICATIF			
Présent					
aim-e	fini-s	ouvr-e	dor-s	met-s	veu-x
aim-es	fini-s	ouvr-es	dor-s	met-s	veu-x
aim-e	fini-t	ouvr-e	dor-t	met	veu-t
aim-ons	fini-ss-ons	ouvr-ons	dorm-ons	mett-ons	voul-ons
aim-ez	fini-ss-ez	ouvr-ez	dorm-ez	mett-ez	voul-ez
aim-ent	fini-ss-ent	ouvr-ent	dorm-ent	mett-ent	veul-ent
Imparfait					
aim-ai-s	fini-ss-ai-s	ouvr-ai-s			
aim-ai-s	fini-ss-ai-s	ouvr-ai-s			
aim-ai-t	fini-ss-ai-t	ouvr-ai-t			
aim-i-ons	fini-ss-i-ons	ouvr-i-ons			
aim-i-ez	fini-ss-i-ez	ouvr-i-ez			
aim-ai-ent	fini-ss-ai-ent	ouvr-ai-ent			
Passé simple					
aim-ai	fin-is	ouvr-is	voul-us	t-ins	
aim-as	fin-is	ouvr-is	voul-us	t-ins	
aim-a	fin-it	ouvr-it	voul-ut	t-int	
aim-âmes	fin-îmes	ouvr-îmes	voul-ûmes	t-înmes	
aim-âtes	fin-îtes	ouvr-îtes	voul-ûtes	t-întes	
aim-èrent	fin-irent	ouvr-irent	voul-urent	t-inrent	
Futur simple					
aim-er-ai	fini-r-ai	ouvri-r-ai			
aim-er-as	fini-r-as	ouvri-r-as			
aim-er-a	fini-r-a	ouvri-r-a			
aim-er-ons	fini-r-ons	ouvri-r-ons			
aim-er-ez	fini-r-ez	ouvri-r-ez			
aim-er-ont	fini-r-ont	ouvri-r-ont			

1ᵉʳ groupe	2ᵉ groupe	3ᵉ groupe

CONDITIONNEL

Présent

aim-er-ai-s	fini-r-ai-s	ouvri-r-ai-s
aim-er-ai-s	fini-r-ai-s	ouvri-r-ai-s
aim-er-ai-t	fini-r-ai-t	ouvri-r-ai-t
aim-er-i-ons	fini-r-i-ons	ouvri-r-i-ons
aim-er-i-ez	fini-r-i-ez	ouvri-r-i-ez
aim-er-ai-ent	fini-r-ai-ent	ouvri-r-ai-ent

SUBJONCTIF

Présent

aim-e	fini-ss-e	ouvr-e
aim-es	fini-ss-es	ouvr-es
aim-e	fini-ss-e	ouvr-e
aim-i-ons	fini-ss-i-ons	ouvr-i-ons
aim-i-ez	fini-ss-i-ez	ouvr-i-ez
aim-ent	fini-ss-ent	ouvr-ent

Imparfait

aim-a-ss-e	fini-ss-e	ouvr-i-ss-e	t-in-ss-e	voul-u-ss-e
aim-a-ss-es	fini-ss-es	ouvr-i-ss-es	t-in-ss-es	voul-u-ss-es
aim-â-t	finî-t	ouvr-î-t	t-în-t	voul-ût
aim-a-ss-i-ons	fini-ss-i-ons	ouvr-i-ss-i-ons	t-in-ss-i-ons	voul-u-ss-i-ons
aim-a-ss-i-ez	fini-ss-i-ez	ouvr-i-ss-iez	t-in-ss-i-ez	voul-u-ss-i-ez
aim-a-ss-ent	fini-ss-ent	ouvr-i-ss-ent	t-in-ss-ent	voul-u-ss-ent

IMPÉRATIF

Présent

aim-e	fini-s	ouvr-e	dor-s
aim-ons	fini-ss-ons	ouvr-ons	dorm-ons
aim-ez	fini-ss-ez	ouvr-ez	dorm-ez

PARTICIPE

Présent

aim-ant	fini-ss-ant	ouvr-ant

Passé

aim-é	fin-i	dorm-i	ten-u	pri-s	écri-t
				clo-s	ouver-t
				absou-s	mor-t

INFINITIF

Présent

aim-e-r	fin-i-r	ouvr-i-r	voul-oi-r	croi-r-e

INDICATIF

Présent	Passé composé
j'aime	j'ai aimé
tu aimes	tu as aimé
il aime	il a aimé
nous aimons	nous avons aimé
vous aimez	vous avez aimé
ils aiment	ils ont aimé

Imparfait	Plus-que-parfait
j'aimais	j'avais aimé
tu aimais	tu avais aimé
il aimait	il avait aimé
nous aimions	nous avions aimé
vous aimiez	vous aviez aimé
ils aimaient	ils avaient aimé

Passé simple	Passé antérieur
j'aimai	j'eus aimé
tu aimas	tu eus aimé
il aima	il eut aimé
nous aimâmes	nous eûmes aimé
vous aimâtes	vous eûtes aimé
ils aimèrent	ils eurent aimé

Futur simple	Futur antérieur
j'aimerai	j'aurai aimé
tu aimeras	tu auras aimé
il aimera	il aura aimé
nous aimerons	nous aurons aimé
vous aimerez	vous aurez aimé
ils aimeront	ils auront aimé

CONDITIONNEL

Présent	Passé
j'aimerais	j'aurais aimé
tu aimerais	tu aurais aimé
il aimerait	il aurait aimé
nous aimerions	nous aurions aimé
vous aimeriez	vous auriez aimé
ils aimeraient	ils auraient aimé

Passé 2e forme

mêmes formes que le plus-que-parfait du subjonctif.

SUBJONCTIF

Présent	Passé
que j'aime	que j'aie aimé
que tu aimes	que tu aies aimé
qu'il aime	qu'il ait aimé
que nous aimions	que nous ayons aimé
que vous aimiez	que vous ayez aimé
qu'ils aiment	qu'ils aient aimé

Imparfait	Plus-que-parfait
que j'aimasse	que j'eusse aimé
que tu aimasses	que tu eusses aimé
qu'il aimât	qu'il eût aimé
que nous aimassions	que nous eussions aimé
que vous aimassiez	que vous eussiez aimé
qu'ils aimassent	qu'ils eussent aimé

IMPÉRATIF

Présent	Passé
aime	aie aimé
aimons	ayons aimé
aimez	ayez aimé

INFINITIF

Présent	Passé
aimer	avoir aimé

PARTICIPE

Présent	Passé
aimant	aimé
	ayant aimé

GÉRONDIF

Présent	Passé
en aimant	en ayant aimé

• Forme surcomposée : *j'ai eu aimé* (→ Grammaire, § 92, 133).

• Pour les verbes qui forment leurs temps composés avec l'auxiliaire **être** la conjugaison du verbe **aller** (tableau 23) ou celle du verbe **mourir** (tableau 35).

INDICATIF

Présent	*Passé composé*
je place	j'ai placé
tu places	tu as placé
il place	il a placé
nous plaçons	nous avons placé
vous placez	vous avez placé
ils placent	ils ont placé

Imparfait	*Plus-que-parfait*
je plaçais	j'avais placé
tu plaçais	tu avais placé
il plaçait	il avait placé
nous placions	nous avions placé
vous placiez	vous aviez placé
ils plaçaient	ils avaient placé

Passé simple	*Passé antérieur*
je plaçai	j'eus placé
tu plaças	tu eus placé
il plaça	il eut placé
nous plaçâmes	nous eûmes placé
vous plaçâtes	vous eûtes placé
ils placèrent	ils eurent placé

Futur simple	*Futur antérieur*
je placerai	j'aurai placé
tu placeras	tu auras placé
il placera	il aura placé
nous placerons	nous aurons placé
vous placerez	vous aurez placé
ils placeront	ils auront placé

CONDITIONNEL

Présent	*Présent*
je placerais	j'aurais placé
tu placerais	tu aurais placé
il placerait	il aurait placé
nous placerions	nous aurions placé
vous placeriez	vous auriez placé
ils placeraient	ils auraient placé

Passé 2e forme

mêmes formes que le plus-que-parfait
du subjonctif.

SUBJONCTIF

Présent	*Passé*
que je place	que j'aie placé
que tu places	que tu aies placé
qu'il place	qu'il ait placé
que nous placions	que nous ayons placé
que vous placiez	que vous ayez placé
qu'ils placent	qu'ils aient placé

Imparfait	*Plus-que-parfait*
que je plaçasse	que j'eusse placé
que tu plaçasses	que tu eusses placé
qu'il plaçât	qu'il eût placé
que nous plaçassions	que nous eussions placé
que vous plaçassiez	que vous eussiez placé
qu'ils plaçassent	qu'ils eussent placé

IMPÉRATIF

Présent	*Passé*
place	aie placé
plaçons	ayons placé
placez	ayez placé

INFINITIF

Présent	*Passé*
placer	avoir placé

PARTICIPE

Présent	*Passé*
plaçant	placé
	ayant placé

GÉRONDIF

Présent	*Passé*
en plaçant	en ayant placé

• Forme surcomposée : *j'ai eu placé* (→ Grammaire, § 92, 133).

• Les verbes en **-cer** prennent une cédille sous le **c** devant les voyelles **a** et **o** : *commençons, tu commenças*, pour conserver au **c** le son doux [s].

• Pour les verbes en **-écer** → aussi tableau 11.

INDICATIF

Présent

je mange
tu manges
il mange
nous mangeons
vous mangez
ils mangent

Passé composé

j'ai mangé
tu as mangé
il a mangé
nous avons mangé
vous avez mangé
ils ont mangé

Imparfait

je mangeais
tu mangeais
il mangeait
nous mangions
vous mangiez
ils mangeaient

Plus-que-parfait

j'avais mangé
tu avais mangé
il avait mangé
nous avions mangé
vous aviez mangé
ils avaient mangé

Passé simple

je mangeai
tu mangeas
il mangea
nous mangeâmes
vous mangeâtes
ils mangèrent

Passé antérieur

j'eus mangé
tu eus mangé
il eut mangé
nous eûmes mangé
vous eûtes mangé
ils eurent mangé

Futur simple

je mangerai
tu mangeras
il mangera
nous mangerons
vous mangerez
ils mangeront

Futur antérieur

j'aurai mangé
tu auras mangé
il aura mangé
nous aurons mangé
vous aurez mangé
ils auront mangé

CONDITIONNEL

Présent

je mangerais
tu mangerais
il mangerait
nous mangerions
vous mangeriez
ils mangeraient

Passé

j'aurais mangé
tu aurais mangé
il aurait mangé
nous aurions mangé
vous auriez mangé
ils auraient mangé

Passé 2e forme

mêmes formes que le plus-que-parfait
du subjonctif.

SUBJONCTIF

Présent	*Passé*
que je mange	que j'aie mangé
que tu manges	que tu aies mangé
qu'il mange	qu'il ait mangé
que nous mangions	que nous ayons mangé
que vous mangiez	que vous ayez mangé
qu'ils mangent	qu'ils aient mangé

Imparfait	*Plus-que-parfait*
que je mangeasse	que j'eusse mangé
que tu mangeasses	que tu eusses mangé
qu'il mangeât	qu'il eût mangé
que nous mangeassions	que nous eussions mangé
que vous mangeassiez	que vous eussiez mangé
qu'ils mangeassent	qu'ils eussent mangé

IMPÉRATIF

Présent	*Passé*
mange	aie mangé
mangeons	ayons mangé
mangez	ayez mangé

INFINITIF

Présent	*Passé*
manger	avoir mangé

PARTICIPE

Présent	*Passé*
mangeant	mangé
	ayant mangé

GÉRONDIF

Présent	*Passé*
en mangeant	en ayant mangé

• Forme surcomposée : *j'ai eu mangé* (→ Grammaire, § 92, 133).

• Les verbes en **-ger** conservent l'**e** après le **g** devant les voyelles **a** et **o** :
nous jugeons, tu jugeas, pour maintenir partout le son du **g** doux [j].
(Bien entendu, les verbes en **-guer** conservent le **u** à toutes les formes.)

INDICATIF	
Présent	*Passé composé*
je pèse	j'ai pesé
tu pèses	tu as pesé
il pèse	il a pesé
nous pesons	nous avons pesé
vous pesez	vous avez pesé
ils pèsent	ils ont pesé
Imparfait	*Plus-que-parfait*
je pesais	j'avais pesé
tu pesais	tu avais pesé
il pesait	il avait pesé
nous pesions	nous avions pesé
vous pesiez	vous aviez pesé
ils pesaient	ils avaient pesé
Passé simple	*Passé antérieur*
je pesai	j'eus pesé
tu pesas	tu eus pesé
il pesa	il eut pesé
nous pesâmes	nous eûmes pesé
vous pesâtes	vous eûtes pesé
ils pesèrent	ils eurent pesé
Futur simple	*Futur antérieur*
je pèserai	j'aurai pesé
tu pèseras	tu auras pesé
il pèsera	il aura pesé
nous pèserons	nous aurons pesé
vous pèserez	vous aurez pesé
ils pèseront	ils auront pesé

CONDITIONNEL	
Présent	*Passé*
je pèserais	j'aurais pesé
tu pèserais	tu aurais pesé
il pèserait	il aurait pesé
nous pèserions	nous aurions pesé
vous pèseriez	vous auriez pesé
ils pèseraient	ils auraient pesé
	Passé 2ᵉ forme
	mêmes formes que le plus-que-parfait du subjonctif.

SUBJONCTIF

Présent	*Passé*
que je pèse	que j'aie pesé
que tu pèses	que tu aies pesé
qu'il pèse	qu'il ait pesé
que nous pesions	que nous ayons pesé
que vous pesiez	que vous ayez pesé
qu'ils pèsent	qu'ils aient pesé

Imparfait	*Plus-que-parfait*
que je pesasse	que j'eusse pesé
que tu pesasses	que tu eusses pesé
qu'il pesât	qu'il eût pesé
que nous pesassions	que nous eussions pesé
que vous pesassiez	que vous eussiez pesé
qu'ils pesassent	qu'ils eussent pesé

IMPÉRATIF

Présent	*Passé*
pèse	aie pesé
pesons	ayons pesé
pesez	ayez pesé

INFINITIF

Présent	*Passé*
peser	avoir pesé

PARTICIPE

Présent	*Passé*
pesant	pesé
	ayant pesé

GÉRONDIF

Présent	*Passé*
en pesant	en ayant pesé

• Forme surcomposée : *j'ai eu pesé* (→ Grammaire, § 92, 133).

• Verbes en **-ecer**, **-emer**, **-ener**, **-eper**, **-er er**, **-ever**, **-evr er**. Ces verbes, qui ont un **e** muet à l'avant-dernière syllabe de l'infinitif, comme **lever**, changent l'**e muet** en **è ouvert** devant une syllabe muette, y compris devant les terminaisons *-erai…*, *-erais…* du futur et du conditionnel : *je lève, je lèverai, je lèverais*.
Nota. Pour les verbes en **-eler**, **-eter** → tableaux 12 et 13.

INDICATIF	
Présent	*Passé composé*
je cède	j'ai cédé
tu cèdes	tu as cédé
il cède	il a cédé
nous cédons	nous avons cédé
vous cédez	vous avez cédé
ils cèdent	ils ont cédé
Imparfait	*Plus-que-parfait*
je cédais	j'avais cédé
tu cédais	tu avais cédé
il cédait	il avait cédé
nous cédions	nous avions cédé
vous cédiez	vous aviez cédé
ils cédaient	ils avaient cédé
Passé simple	*Passé antérieur*
je cédai	j'eus cédé
tu cédas	tu eus cédé
il céda	il eut cédé
nous cédâmes	nous eûmes cédé
vous cédâtes	vous eûtes cédé
ils cédèrent	ils eurent cédé
Futur simple	*Futur antérieur*
je céderai	j'aurai cédé
tu céderas	tu auras cédé
il cédera	il aura cédé
nous céderons	nous aurons cédé
vous céderez	vous aurez cédé
ils céderont	ils auront cédé

CONDITIONNEL	
Présent	*Passé*
je céderais	j'aurais cédé
tu céderais	tu aurais cédé
il céderait	il aurait cédé
nous céderions	nous aurions cédé
vous céderiez	vous auriez cédé
ils céderaient	ils auraient cédé
	Passé 2e forme
	mêmes formes que le plus-que-parfait du subjonctif.

SUBJONCTIF

Présent	Passé
que je cède	que j'aie cédé
que tu cèdes	que tu aies cédé
qu'il cède	qu'il ait cédé
que nous cédions	que nous ayons cédé
que vous cédiez	que vous ayez cédé
qu'ils cèdent	qu'ils aient cédé

Imparfait	Plus-que-parfait
que je cédasse	que j'eusse cédé
que tu cédasses	que tu eusses cédé
qu'il cédât	qu'il eût cédé
que nous cédassions	que nous eussions cédé
que vous cédassiez	que vous eussiez cédé
qu'ils cédassent	qu'ils eussent cédé

IMPÉRATIF

Présent	Passé
cède	aie cédé
cédons	ayons cédé
cédez	ayez cédé

INFINITIF

Présent	Passé
céder	avoir cédé

PARTICIPE

Présent	Passé
cédant	cédé
	ayant cédé

GÉRONDIF

Présent	Passé
en cédant	en ayant cédé

• Forme surcomposée : *j'ai eu cédé* (→ Grammaire, § 92, 133).

• Verbes en -ébrer, -écer, -écher, -écrer, -éder, -égler, -égner, -égrer, -éguer, -éler, -émer, -éner, -éper, -équer, -érer, -éser, -éter, -étrer, -évrer, -éyer, etc. Ces verbes, qui ont un **é fermé** à l'avant-dernière syllabe de l'infinitif, changent l'**é fermé** en **è ouvert** devant une syllabe muette finale : *je cède*. Au futur et au conditionnel, ces verbes conservent l'**é fermé**.

• **Avérer** ne s'emploie guère qu'à l'infinitif et au participe passé.

INDICATIF

Présent	Passé composé
je jette	j'ai jeté
tu jettes	tu as jeté
il jette	il a jeté
nous jetons	nous avons jeté
vous jetez	vous avez jeté
ils jettent	ils ont jeté

Imparfait	Plus-que-parfait
je jetais	j'avais jeté
tu jetais	tu avais jeté
il jetait	il avait jeté
nous jetions	nous avions jeté
vous jetiez	vous aviez jeté
ils jetaient	ils avaient jeté

Passé simple	Passé antérieur
je jetai	j'eus jeté
tu jetas	tu eus jeté
il jeta	il eut jeté
nous jetâmes	nous eûmes jeté
vous jetâtes	vous eûtes jeté
ils jetèrent	ils eurent jeté

Futur simple	Futur antérieur
je jetterai	j'aurai jeté
tu jetteras	tu auras jeté
il jettera	il aura jeté
nous jetterons	nous aurons jeté
vous jetterez	vous aurez jeté
ils jetteront	ils auront jeté

CONDITIONNEL

Présent	Passé
je jetterais	j'aurais jeté
tu jetterais	tu aurais jeté
il jetterait	il aurait jeté
nous jetterions	nous aurions jeté
vous jetteriez	vous auriez jeté
ils jetteraient	ils auraient jeté

Passé 2e forme

mêmes formes que le plus-que-parfait du subjonctif.

SUBJONCTIF

Présent	*Passé*
que je jette	que j'aie jeté
que tu jettes	que tu aies jeté
qu'il jette	qu'il ait jeté
que nous jetions	que nous ayons jeté
que vous jetiez	que vous ayez jeté
qu'ils jettent	qu'ils aient jeté

Imparfait	*Plus-que-parfait*
que je jetasse	que j'eusse jeté
que tu jetasses	que tu eusses jeté
qu'il jetât	qu'il eût jeté
que nous jetassions	que nous eussions jeté
que vous jetassiez	que vous eussiez jeté
qu'ils jetassent	qu'ils eussent jeté

IMPÉRATIF

Présent	*Passé*
jette	aie jeté
jetons	ayons jeté
jetez	ayez jeté

INFINITIF

Présent	*Passé*
jeter	avoir jeté

PARTICIPE

Présent	*Passé*
jetant	jeté
	ayant jeté

GÉRONDIF

Présent	*Passé*
en jetant	en ayant jeté

• Forme surcomposée : *j'ai eu jeté* (→ Grammaire, § 92, 133).

• En règle générale, les verbes en -**eler** ou en -**eter** doublent la consonne l ou t devant un **e muet** : *je jette, j'appelle*. Un petit nombre ne double pas la consonne l ou t devant l'**e muet**, mais prend un accent grave sur le e qui précède le l ou le t : *j'achète, je modèle*. Toutefois, les rectifications de 1990 autorisent l'emploi du è pour les verbes en -**eler** et en -**eter**, sauf pour **appeler** (et **rappeler**) ainsi que **jeter** (et les verbes de la même famille) : *elle ruissèle*.

INDICATIF

Présent	Passé composé
je modèle	j'ai modelé
tu modèles	tu as modelé
il modèle	il a modelé
nous modelons	nous avons modelé
vous modelez	vous avez modelé
ils modèlent	ils ont modelé

Imparfait	Plus-que-parfait
je modelais	j'avais modelé
tu modelais	tu avais modelé
il modelait	il avait modelé
nous modelions	nous avions modelé
vous modeliez	vous aviez modelé
ils modelaient	ils avaient modelé

Passé simple	Passé antérieur
je modelai	j'eus modelé
tu modelas	tu eus modelé
il modela	il eut modelé
nous modelâmes	nous eûmes modelé
vous modelâtes	vous eûtes modelé
ils modelèrent	ils eurent modelé

Futur	Futur antérieur
je modèlerai	j'aurai modelé
tu modèleras	tu auras modelé
il modèlera	il aura modelé
nous modèlerons	nous aurons modelé
vous modèlerez	vous aurez modelé
ils modèleront	ils auront modelé

CONDITIONNEL

Présent	Passé
je modèlerais	j'aurais modelé
tu modèlerais	tu aurais modelé
il modèlerait	il aurait modelé
nous modèlerions	nous aurions modelé
vous modèleriez	vous auriez modelé
ils modèleraient	ils auraient modelé

Passé 2ᵉ forme

mêmes formes que le plus-que-parfait du subjonctif.

SUBJONCTIF

Présent	Passé
que je modèle	que j'aie modelé
que tu modèles	que tu aies modelé
qu'il modèle	qu'il ait modelé
que nous modelions	que nous ayons modelé
que vous modeliez	que vous ayez modelé
qu'ils modèlent	qu'ils aient modelé

Imparfait	Plus-que-parfait
que je modelasse	que j'eusse modelé
que tu modelasses	que tu eusses modelé
qu'il modelât	qu'il eût modelé
que nous modelassions	que nous eussions modelé
que vous modelassiez	que vous eussiez modelé
qu'ils modelassent	qu'ils eussent modelé

IMPÉRATIF

Présent	Passé
modèle	aie modelé
modelons	ayons modelé
modelez	ayez modelé

INFINITIF

Présent	Passé
modeler	avoir modelé

PARTICIPE

Présent	Passé
modelant	modelé
	ayant modelé

GÉRONDIF

Présent	Passé
en modelant	en ayant modelé

• Forme surcomposée : *j'ai eu modelé* (→ Grammaire, § 92, 133).

• Quelques verbes ne doublent pas le **l** ou le **t** devant un **e muet** :

– verbes en **-eler** se conjuguant comme **modeler** : *celer (déceler, receler), ciseler, démanteler, écarteler, s'encasteler, geler (dégeler, congeler, surgeler), harceler, marteler, peler.*

– verbes en **-eter** se conjuguant comme **acheter** : *racheter, bégueter, corseter, crocheter, fileter, fureter, haleter.*

INDICATIF	
Présent	*Passé composé*
je crée	j'ai créé
tu crées	tu as créé
il crée	il a créé
nous créons	nous avons créé
vous créez	vous avez créé
ils créent	ils ont créé
Imparfait	*Plus-que-parfait*
je créais	j'avais créé
tu créais	tu avais créé
il créait	il avait créé
nous créions	nous avions créé
vous créiez	vous aviez créé
ils créaient	ils avaient créé
Passé simple	*Passé antérieur*
je créai	j'eus créé
tu créas	tu eus créé
il créa	il eut créé
nous créâmes	nous eûmes créé
vous créâtes	vous eûtes créé
ils créèrent	ils eurent créé
Futur	*Futur antérieur*
je créerai	j'aurai créé
tu créeras	tu auras créé
il créera	il aura créé
nous créerons	nous aurons créé
vous créerez	vous aurez créé
ils créeront	ils auront créé

CONDITIONNEL	
Présent	*Passé*
je créerais	j'aurais créé
tu créerais	tu aurais créé
il créerait	il aurait créé
nous créerions	nous aurions créé
vous créeriez	vous auriez créé
ils créeraient	ils auraient créé
	Passé 2ᵉ forme
	mêmes formes que le plus-que-parfait du subjonctif.

SUBJONCTIF

Présent	Passé
que je crée	que j'aie créé
que tu crées	que tu aies créé
qu'il crée	qu'il ait créé
que nous créions	que nous ayons créé
que vous créiez	que vous ayez créé
qu'ils créent	qu'ils aient créé

Imparfait	Plus-que-parfait
que je créasse	que j'eusse créé
que tu créasses	que tu eusses créé
qu'il créât	qu'il eût créé
que nous créassions	que nous eussions créé
que vous créassiez	que vous eussiez créé
qu'ils créassent	qu'ils eussent créé

IMPÉRATIF

Présent	Passé
crée	aie créé
créons	ayons créé
créez	ayez créé

INFINITIF

Présent	Passé
créer	avoir créé

PARTICIPE

Présent	Passé
créant	créé
	ayant créé

GÉRONDIF

Présent	Passé
en créant	en ayant créé

• Forme surcomposée : *j'ai eu créé* (→ Grammaire, § 92, 133).

• Ces verbes n'offrent d'autre particularité que la présence très régulière de deux **e** à certaines personnes de l'indicatif présent, du passé simple, du futur, du conditionnel présent, de l'impératif, du subjonctif présent, du participe passé masculin, et celle de trois **e** au participe passé féminin : *créée*.

• Dans les verbes en **-éer**, l'**é** reste toujours fermé : *je crée, tu crées...*

• Noter la forme adjectivale du participe passé dans *bouche bée*.

INDICATIF	
Présent	*Passé composé*
j'assiège	j'ai assiégé
tu assièges	tu as assiégé
il assiège	il a assiégé
nous assiégeons	nous avons assiégé
vous assiégez	vous avez assiégé
ils assiègent	ils ont assiégé
Imparfait	*Plus-que-parfait*
j'assiégeais	j'avais assiégé
tu assiégeais	tu avais assiégé
il assiégeait	il avait assiégé
nous assiégions	nous avions assiégé
vous assiégiez	vous aviez assiégé
ils assiégeaient	ils avaient assiégé
Passé simple	*Passé antérieur*
j'assiégeai	j'eus assiégé
tu assiégeas	tu eus assiégé
il assiégea	il eut assiégé
nous assiégeâmes	nous eûmes assiégé
vous assiégeâtes	vous eûtes assiégé
ils assiégèrent	ils eurent assiégé
Futur	*Futur antérieur*
j'assiégerai	j'aurai assiégé
tu assiégeras	tu auras assiégé
il assiégera	il aura assiégé
nous assiégerons	nous aurons assiégé
vous assiégerez	vous aurez assiégé
ils assiégeront	ils auront assiégé

CONDITIONNEL	
Présent	*Passé*
j'assiégerais	j'aurais assiégé
tu assiégerais	tu aurais assiégé
il assiégerait	il aurait assiégé
nous assiégerions	nous aurions assiégé
vous assiégeriez	vous auriez assiégé
ils assiégeraient	ils auraient assiégé
	Passé 2ᵉ forme
	mêmes formes que le plus-que-parfait
	du subjonctif.

SUBJONCTIF

Présent	*Passé*
que j'assiège	que j'aie assiégé
que tu assièges	que tu aies assiégé
qu'il assiège	qu'il ait assiégé
que nous assiégions	que nous ayons assiégé
que vous assiégiez	que vous ayez assiégé
qu'ils assiègent	qu'ils aient assiégé

Imparfait	*Plus-que-parfait*
que j'assiégeasse	que j'eusse assiégé
que tu assiégeasses	que tu eusses assiégé
qu'il assiégeât	qu'il eût assiégé
que nous assiégeassions	que nous eussions assiégé
que vous assiégeassiez	que vous eussiez assiégé
qu'ils assiégeassent	qu'ils eussent assiégé

IMPÉRATIF

Présent	*Passé*
assiège	aie assiégé
assiégeons	ayons assiégé
assiégez	ayez assiégé

INFINITIF

Présent	*Passé*
assiéger	avoir assiégé

PARTICIPE

Présent	*Passé*
assiégeant	assiégé
	ayant assiégé

GÉRONDIF

Présent	*Passé*
en assiégeant	en ayant assiégé

• Forme surcomposée : *j'ai eu assiégé* (→ Grammaire, § 92, 133).

• Dans les verbes en **-éger** :
– L'é se change en **è** devant **e muet** (sauf au futur et au conditionnel).
– Pour conserver partout le son du **g** doux [j], on maintient l'**e** après le **g** devant les voyelles **a** et **o**.

INDICATIF

Présent

j'apprécie
tu apprécies
il apprécie
nous apprécions
vous appréciez
ils apprécient

Passé composé

j'ai apprécié
tu as apprécié
il a apprécié
nous avons apprécié
vous avez apprécié
ils ont apprécié

Imparfait

j'appréciais
tu appréciais
il appréciait
nous appréciions
vous appréciiez
ils appréciaient

Plus-que-parfait

j'avais apprécié
tu avais apprécié
il avait apprécié
nous avions apprécié
vous aviez apprécié
ils avaient apprécié

Passé simple

j'appréciai
tu apprécias
il apprécia
nous appréciâmes
vous appréciâtes
ils apprécièrent

Passé antérieur

j'eus apprécié
tu eus apprécié
il eut apprécié
nous eûmes apprécié
vous eûtes apprécié
ils eurent apprécié

Futur

j'apprécierai
tu apprécieras
il appréciera
nous apprécierons
vous apprécierez
ils apprécieront

Futur antérieur

j'aurai apprécié
tu auras apprécié
il aura apprécié
nous aurons apprécié
vous aurez apprécié
ils auront apprécié

CONDITIONNEL

Présent

j'apprécierais
tu apprécierais
il apprécierait
nous apprécierions
vous apprécieriez
ils apprécieraient

Passé

j'aurais apprécié
tu aurais apprécié
il aurait apprécié
nous aurions apprécié
vous auriez apprécié
ils auraient apprécié

Passé 2ᵉ forme

mêmes formes que le plus-que-parfait
du subjonctif.

SUBJONCTIF

Présent	Passé
que j'apprécie	que j'aie apprécié
que tu apprécies	que tu aies apprécié
qu'il apprécie	qu'il ait apprécié
que nous appréciions	que nous ayons apprécié
que vous appréciiez	que vous ayez apprécié
qu'ils apprécient	qu'ils aient apprécié

Imparfait	Plus-que-parfait
que j'appréciasse	que j'eusse apprécié
que tu appréciasses	que tu eusses apprécié
qu'il appréciât	qu'il eût apprécié
que nous appréciassions	que nous eussions apprécié
que vous appréciassiez	que vous eussiez apprécié
qu'ils appréciassent	qu'ils eussent apprécié

IMPÉRATIF

Présent	Passé
apprécie	aie apprécié
apprécions	ayons apprécié
appréciez	ayez apprécié

INFINITIF

Présent	Passé
apprécier	avoir apprécié

PARTICIPE

Présent	Passé
appréciant	apprécié
	ayant apprécié

GÉRONDIF

Présent	Passé
en appréciant	en ayant apprécié

• Forme surcomposée : *j'ai eu apprécié* (→ Grammaire, § 92, 133).

• Ces verbes n'offrent d'autre particularité que les deux i à la 1re et à la 2e personnes du pluriel de l'imparfait de l'indicatif et du présent du subjonctif : *appréciions, appréciiez*. Ces deux i proviennent de la rencontre de l'i final du radical, qui se maintient dans toute la conjugaison, avec l'i initial de la terminaison de l'imparfait de l'indicatif et du présent du subjonctif.

INDICATIF

Présent	Passé composé
je paie / paye	j'ai payé
tu paies / payes	tu as payé
il paie / paye	il a payé
nous payons	nous avons payé
vous payez	vous avez payé
ils paient / payent	ils ont payé

Imparfait	Plus-que-parfait
je payais	j'avais payé
tu payais	tu avais payé
il payait	il avait payé
nous payions	nous avions payé
vous payiez	vous aviez payé
ils payaient	ils avaient payé

Passé simple	Passé antérieur
je payai	j'eus payé
tu payas	tu eus payé
il paya	il eut payé
nous payâmes	nous eûmes payé
vous payâtes	vous eûtes payé
ils payèrent	ils eurent payé

Futur	Futur antérieur
je paierai / payerai	j'aurai payé
tu paieras / payeras	tu auras payé
il paiera / payera	il aura payé
nous paierons / payerons	nous aurons payé
vous paierez / payerez	vous aurez payé
ils paieront / payeront	ils auront payé

CONDITIONNEL

Présent	Passé
je paierais / payerais	j'aurais payé
tu paierais / payerais	tu aurais payé
il paierait / payerait	il aurait payé
nous paierions / payerions	nous aurions payé
vous paieriez / payeriez	vous auriez payé
ils paieraient / payeraient	ils auraient payé

Passé 2ᵉ forme

mêmes formes que le plus-que-parfait du subjonctif.

SUBJONCTIF

Présent	*Passé*
que je paie / paye	que j'aie payé
que tu paies / payes	que tu aies payé
qu'il paie / paye	qu'il ait payé
que nous payions	que nous ayons payé
que vous payiez	que vous ayez payé
qu'ils paient / payent	qu'ils aient payé

Imparfait	*Plus-que-parfait*
que je payasse	que j'eusse payé
que tu payasses	que tu eusses payé
qu'il payât	qu'il eût payé
que nous payassions	que nous eussions payé
que vous payassiez	que vous eussiez payé
qu'ils payassent	qu'ils eussent payé

IMPÉRATIF

Présent	*Passé*
paye / paie	aie payé
payons	ayons payé
payez	ayez payé

INFINITIF

Présent	*Passé*
payer	avoir payé

PARTICIPE

Présent	*Passé*
payant	payé
	ayant payé

GÉRONDIF

Présent	*Passé*
en payant	en ayant payé

• Forme surcomposée : *j'ai eu payé* (→ Grammaire, § 92, 133).

• Les verbes en **-ayer** peuvent : 1. conserver l'**y** dans toute la conjugaison ; 2. remplacer l'**y** par un **i** devant un **e muet**, c'est-à-dire devant les terminaisons : **e**, **es**, **ent**, **erai** (**eras**...), **erais** (**erais**...) : *je paye* (prononcer [pèï] : *pey*) ou *je paie* (prononcer [pè] : *pè*). Remarquer la présence de l'**i** après **y** aux deux premières personnes du pluriel de l'imparfait de l'indicatif et du présent du subjonctif.

• Les verbes en **-eyer** (**grasseyer**, **faseyer**, **capeyer**) conservent l'**y** partout.

INDICATIF

Présent

je broie
tu broies
il broie
nous broyons
vous broyez
ils broient

Passé composé

j'ai broyé
tu as broyé
il a broyé
nous avons broyé
vous avez broyé
ils ont broyé

Imparfait

je broyais
tu broyais
il broyait
nous broyions
vous broyiez
ils broyaient

Plus-que-parfait

j'avais broyé
tu avais broyé
il avait broyé
nous avions broyé
vous aviez broyé
ils avaient broyé

Passé simple

je broyai
tu broyas
il broya
nous broyâmes
vous broyâtes
ils broyèrent

Passé antérieur

j'eus broyé
tu eus broyé
il eut broyé
nous eûmes broyé
vous eûtes broyé
ils eurent broyé

Futur

je broierai
tu broieras
il broiera
nous broierons
vous broierez
ils broieront

Futur antérieur

j'aurai broyé
tu auras broyé
il aura broyé
nous aurons broyé
vous aurez broyé
ils auront broyé

CONDITIONNEL

Présent

je broierais
tu broierais
il broierait
nous broierions
vous broieriez
ils broieraient

Passé

j'aurais broyé
tu aurais broyé
il aurait broyé
nous aurions broyé
vous auriez broyé
ils auraient broyé

Passé 2ᵉ forme

mêmes formes que le plus-que-parfait
du subjonctif.

SUBJONCTIF

Présent	*Passé*
que je broie	que j'aie broyé
que tu broies	que tu aies broyé
qu'il broie	qu'il ait broyé
que nous broyions	que nous ayons broyé
que vous broyiez	que vous ayez broyé
qu'ils broient	qu'ils aient broyé

Imparfait	*Plus-que-parfait*
que je broyasse	que j'eusse broyé
que tu broyasses	que tu eusses broyé
qu'il broyât	qu'il eût broyé
que nous broyassions	que nous eussions broyé
que vous broyassiez	que vous eussiez broyé
qu'ils broyassent	qu'ils eussent broyé

IMPÉRATIF

Présent	*Passé*
broie	aie broyé
broyons	ayons broyé
broyez	ayez broyé

INFINITIF

Présent	*Passé*
broyer	avoir broyé

PARTICIPE

Présent	*Passé*
broyant	broyé
	ayant broyé

GÉRONDIF

Présent	*Passé*
en broyant	en ayant broyé

• Forme surcomposée : *j'ai eu broyé* (→ Grammaire, § 92, 133).

• Les verbes en **-oyer** et **-uyer** changent l'y du radical en i devant un **e muet** (terminaisons **e, es, ent, erai…, erais…**). Exceptions : **envoyer** et **renvoyer**, qui sont irréguliers au futur et au conditionnel présent (→ tableau 19). Remarquer la présence de l'i après y aux deux premières personnes du pluriel à l'imparfait de l'indicatif et au présent du subjonctif.

INDICATIF

Présent	Passé composé
j'envoie	j'ai envoyé
tu envoies	tu as envoyé
il envoie	il a envoyé
nous envoyons	nous avons envoyé
vous envoyez	vous avez envoyé
ils envoient	ils ont envoyé

Imparfait	Plus-que-parfait
j'envoyais	j'avais envoyé
tu envoyais	tu avais envoyé
il envoyait	il avait envoyé
nous envoyions	nous avions envoyé
vous envoyiez	vous aviez envoyé
ils envoyaient	ils avaient envoyé

Passé simple	Passé antérieur
j'envoyai	j'eus envoyé
tu envoyas	tu eus envoyé
il envoya	il eut envoyé
nous envoyâmes	nous eûmes envoyé
vous envoyâtes	vous eûtes envoyé
ils envoyèrent	ils eurent envoyé

Futur	Futur antérieur
j'enverrai	j'aurai envoyé
tu enverras	tu auras envoyé
il enverra	il aura envoyé
nous enverrons	nous aurons envoyé
vous enverrez	vous aurez envoyé
ils enverront	ils auront envoyé

CONDITIONNEL

Présent	Passé
j'enverrais	j'aurais envoyé
tu enverrais	tu aurais envoyé
il enverrait	il aurait envoyé
nous enverrions	nous aurions envoyé
vous enverriez	vous auriez envoyé
ils enverraient	ils auraient envoyé

Passé 2e forme

mêmes formes que le plus-que-parfait
du subjonctif.

SUBJONCTIF

Présent	Passé
que j'envoie	que j'aie envoyé
que tu envoies	que tu aies envoyé
qu'il envoie	qu'il ait envoyé
que nous envoyions	que nous ayons envoyé
que vous envoyiez	que vous ayez envoyé
qu'ils envoient	qu'ils aient envoyé

Imparfait	Plus-que-parfait
que j'envoyasse	que j'eusse envoyé
que tu envoyasses	que tu eusses envoyé
qu'il envoyât	qu'il eût envoyé
que nous envoyassions	que nous eussions envoyé
que vous envoyassiez	que vous eussiez envoyé
qu'ils envoyassent	qu'ils eussent envoyé

IMPÉRATIF

Présent	Passé
envoie	aie envoyé
envoyons	ayons envoyé
envoyez	ayez envoyé

INFINITIF

Présent	Passé
envoyer	avoir envoyé

PARTICIPE

Présent	Passé
envoyant	envoyé
	ayant envoyé

GÉRONDIF

Présent	Passé
en envoyant	en ayant envoyé

• Forme surcomposée : *j'ai eu envoyé* (→ Grammaire, § 92, 133).

• **Renvoyer** se conjugue sur ce modèle.

INDICATIF

Présent	*Passé composé*
je finis	j'ai fini
tu finis	tu as fini
il finit	il a fini
nous finissons	nous avons fini
vous finissez	vous avez fini
ils finissent	ils ont fini

Imparfait	*Plus-que-parfait*
je finissais	j'avais fini
tu finissais	tu avais fini
il finissait	il avait fini
nous finissions	nous avions fini
vous finissiez	vous aviez fini
ils finissaient	ils avaient fini

Passé simple	*Passé antérieur*
je finis	j'eus fini
tu finis	tu eus fini
il finit	il eut fini
nous finîmes	nous eûmes fini
vous finîtes	vous eûtes fini
ils finirent	ils eurent fini

Futur	*Futur antérieur*
je finirai	j'aurai fini
tu finiras	tu auras fini
il finira	il aura fini
nous finirons	nous aurons fini
vous finirez	vous aurez fini
ils finiront	ils auront fini

CONDITIONNEL

Présent	*Passé*
je finirais	j'aurais fini
tu finirais	tu aurais fini
il finirait	il aurait fini
nous finirions	nous aurions fini
vous finiriez	vous auriez fini
ils finiraient	ils auraient fini

Passé 2e forme

mêmes formes que le plus-que-parfait du subjonctif.

SUBJONCTIF

Présent	*Passé*
que je finisse	que j'aie fini
que tu finisses	que tu aies fini
qu'il finisse	qu'il ait fini
que nous finissions	que nous ayons fini
que vous finissiez	que vous ayez fini
qu'ils finissent	qu'ils aient fini

Imparfait	*Plus-que-parfait*
que je finisse	que j'eusse fini
que tu finisses	que tu eusses fini
qu'il finît	qu'il eût fini
que nous finissions	que nous eussions fini
que vous finissiez	que vous eussiez fini
qu'ils finissent	qu'ils eussent fini

IMPÉRATIF

Présent	*Passé*
finis	aie fini
finissons	ayons fini
finissez	ayez fini

INFINITIF

Présent	*Passé*
finir	avoir fini

PARTICIPE

Présent	*Passé*
finissant	fini
	ayant fini

GÉRONDIF

Présent	*Passé*
en finissant	en ayant fini

• Forme surcomposée : *j'ai eu fini* (→ Grammaire, § 92, 133).

• Ainsi se conjuguent environ 300 verbes en **-ir, -issant**.

• Les verbes **obéir** et **désobéir** (intransitifs à l'actif) ont gardé, d'une ancienne construction transitive, un passif : « *Sera-t-elle obéie ?* »

• Le verbe **maudire** se conjugue sur ce modèle, bien que son infinitif s'achève en **-ire** (comme un verbe du 3e groupe) et que son participe passé se termine par **-t** : maudit, maudite.

INDICATIF

Présent	Passé composé
je hais	j'ai haï
tu hais	tu as haï
il hait	il a haï
nous haïssons	nous avons haï
vous haïssez	vous avez haï
ils haïssent	ils ont haï

Imparfait	Plus-que-parfait
je haïssais	j'avais haï
tu haïssais	tu avais haï
il haïssait	il avait haï
nous haïssions	nous avions haï
vous haïssiez	vous aviez haï
ils haïssaient	ils avaient haï

Passé simple	Passé antérieur
je haïs	j'eus haï
tu haïs	tu eus haï
il haït	il eut haï
nous haïmes	nous eûmes haï
vous haïtes	vous eûtes haï
ils haïrent	ils eurent haï

Futur	Futur antérieur
je haïrai	j'aurai haï
tu haïras	tu auras haï
il haïra	il aura haï
nous haïrons	nous aurons haï
vous haïrez	vous aurez haï
ils haïront	ils auront haï

CONDITIONNEL

Présent	Passé
je haïrais	j'aurais haï
tu haïrais	tu aurais haï
il haïrait	il aurait haï
nous haïrions	nous aurions haï
vous haïriez	vous auriez haï
ils haïraient	ils auraient haï

Passé 2e forme

mêmes formes que le plus-que-parfait
du subjonctif.

SUBJONCTIF	
Présent	*Passé*
que je haïsse	que j'aie haï
que tu haïsses	que tu aies haï
qu'il haïsse	qu'il ait haï
que nous haïssions	que nous ayons haï
que vous haïssiez	que vous ayez haï
qu'ils haïssent	qu'ils aient haï
Imparfait	*Plus-que-parfait*
que je haïsse	que j'eusse haï
que tu haïsses	que tu eusses haï
qu'il haït	qu'il eût haï
que nous haïssions	que nous eussions haï
que vous haïssiez	que vous eussiez haï
qu'ils haïssent	qu'ils eussent haï

IMPÉRATIF	
Présent	*Passé*
hais	aie haï
haïssons	ayons haï
haïssez	ayez haï

INFINITIF	
Présent	*Passé*
haïr	avoir haï

PARTICIPE	
Présent	*Passé*
haïssant	haï
	ayant haï

GÉRONDIF	
Présent	*Passé*
en haïssant	en ayant haï

• Forme surcomposée : *j'ai eu haï* (→ Grammaire, § 92, 133).

• **Haïr** est le seul verbe de cette conjugaison ; il prend un tréma sur l'i dans toute sa conjugaison, excepté aux trois personnes du singulier du présent de l'indicatif, et à la deuxième personne du singulier de l'impératif. Le tréma exclut l'accent circonflexe au passé simple et au subjonctif imparfait.

22 Liste de tous les verbes du 3e groupe

Ces verbes sont classés dans l'ordre des tableaux de conjugaison où se trouve entièrement conjugué soit le verbe lui-même, soit le verbe type (en rouge) qui lui sert de modèle, à l'auxiliaire près.

23 aller
24 tenir
  abstenir (s')
  appartenir
  contenir
  détenir
  entretenir
  maintenir
  obtenir
  retenir
  soutenir
  venir
  avenir
  advenir
  bienvenir
  circonvenir
  contrevenir
  convenir
  devenir
  disconvenir
  intervenir
  obvenir
  parvenir
  prévenir
  provenir
  redevenir
  ressouvenir (se)
  revenir
  souvenir (se)
  subvenir
  survenir
25 acquérir
  conquérir
  enquérir (s')
  quérir
  reconquérir
  requérir
26 sentir
  consentir
  pressentir
  ressentir
  mentir
  démentir

partir
départir
repartir
repentir (se)
sortir
ressortir [1]
27 vêtir
  dévêtir
  revêtir
  survêtir
28 couvrir
  découvrir
  recouvrir
  redécouvrir
  ouvrir
  entrouvrir
  rentrouvrir
  rouvrir
  offrir
  souffrir
29 cueillir
  accueillir
  recueillir
30 assaillir
  saillir
  tressaillir
  défaillir
31 faillir
32 bouillir
  débouillir
33 dormir
  endormir
  rendormir
34 courir
  accourir
  concourir
  discourir
  encourir
  parcourir
  recourir
  secourir
35 mourir
36 servir [2]

desservir
resservir
37 fuir
  enfuir (s')
38 ouïr
39 gésir
40 recevoir
  apercevoir
  concevoir
  décevoir
  percevoir
41 voir
  entrevoir
  prévoir
  revoir
42 pourvoir
  dépourvoir
43 savoir
44 devoir
  redevoir
45 pouvoir
46 mouvoir
  émouvoir
  promouvoir
47 pleuvoir
  repleuvoir
48 falloir
49 valoir
  équivaloir
  prévaloir
  revaloir
50 vouloir
51 asseoir
  rasseoir
52 seoir
53 messeoir
54 surseoir
55 choir
56 échoir
57 déchoir
58 rendre
  défendre
  descendre

condescendre
redescendre
fendre
pourfendre
refendre
pendre
appendre
dépendre
rependre
suspendre
tendre
attendre
détendre
distendre
entendre
étendre
prétendre
retendre
sous-entendre
sous-tendre
vendre
mévendre
revendre
épandre
répandre
fondre
confondre
morfondre (se)
parfondre
refondre
pondre
répondre
correspondre
tondre
retondre
perdre
reperdre
mordre
démordre
remordre
tordre
détordre
distordre

1. Le verbe ressortir, dans le sens de : être du ressort de, se conjugue sur le modèle de finir (2e groupe).

2. Asservir se conjugue sur le modèle de finir (2e groupe).

retordre
rompre
corrompre
interrompre
foutre
contrefoutre (se)
59 prendre
apprendre
comprendre
déprendre
désapprendre
entreprendre
éprendre (s')
méprendre (se)
réapprendre
reprendre
surprendre
60 battre
abattre
combattre
contrebattre
débattre
ébattre (s')
embattre
rabattre
rebattre
61 mettre
admettre
commettre
compromettre
démettre
émettre
entremettre (s')
omettre
permettre
promettre
réadmettre
remettre
retransmettre
soumettre
transmettre
62 peindre
dépeindre
repeindre
astreindre
étreindre
restreindre
atteindre
ceindre

enceindre
empreindre
enfreindre
feindre
geindre
teindre
déteindre
éteindre
reteindre
63 joindre
adjoindre
conjoindre
disjoindre
enjoindre
rejoindre
oindre
poindre
64 craindre
contraindre
plaindre
65 vaincre
convaincre
66 traire
abstraire
distraire
extraire
retraire
raire
soustraire
braire
67 faire
contrefaire
défaire
forfaire
malfaire
méfaire
parfaire
redéfaire
refaire
satisfaire
surfaire
68 plaire
complaire
déplaire
taire
69 connaître
méconnaître
reconnaître
paraître

apparaître
comparaître
disparaître
réapparaître
recomparaître
reparaître
transparaître
70 naître
renaître
71 paître
72 repaître
73 croître
accroître
décroître
recroître
74 croire
accroire
75 boire
emboire
76 clore
déclore
éclore
enclore
forclore
77 conclure
exclure
inclure
occlure
reclure
78 absoudre
dissoudre
résoudre
79 coudre
découdre
recoudre
80 moudre
émoudre
remoudre
81 suivre
ensuivre (s')
poursuivre
82 vivre
revivre
survivre
83 lire
élire
réélire
relire
84 dire [3]

contredire
dédire
interdire
médire
prédire
redire
85 rire
sourire
86 écrire
circonscrire
décrire
inscrire
prescrire
proscrire
récrire
réinscrire
retranscrire
souscrire
transcrire
87 confire
déconfire
circoncire
frire
suffire
88 cuire
recuire
conduire
déduire
éconduire
enduire
induire
introduire
produire
reconduire
réduire
réintroduire
reproduire
retraduire
séduire
traduire
construire
détruire
instruire
reconstruire
luire
reluire
nuire
entre-nuire (s')

3. Maudire se conjugue sur le modèle de finir (2e groupe).

INDICATIF	
Présent	*Passé composé*
je vais	je suis allé
tu vas	tu es allé
il va	il est allé
nous allons	nous sommes allés
vous allez	vous êtes allés
ils vont	ils sont allés
Imparfait	*Plus-que-parfait*
j'allais	j'étais allé
tu allais	tu étais allé
il allait	il était allé
nous allions	nous étions allés
vous alliez	vous étiez allés
ils allaient	ils étaient allés
Passé simple	*Passé antérieur*
j'allai	je fus allé
tu allas	tu fus allé
il alla	il fut allé
nous allâmes	nous fûmes allés
vous allâtes	vous fûtes allés
ils allèrent	ils furent allés
Futur	*Futur antérieur*
j'irai	je serai allé
tu iras	tu seras allé
il ira	il sera allé
nous irons	nous serons allés
vous irez	vous serez allés
ils iront	ils seront allés

CONDITIONNEL	
Présent	*Passé*
j'irais	je serais allé
tu irais	tu serais allé
il irait	il serait allé
nous irions	nous serions allés
vous iriez	vous seriez allés
ils iraient	ils seraient allés
	Passé 2e forme
	mêmes formes que le plus-que-parfait du subjonctif.

SUBJONCTIF

Présent	Passé
que j'aille	que je sois allé
que tu ailles	que tu sois allé
qu'il aille	qu'il soit allé
que nous allions	que nous soyons allés
que vous alliez	que vous soyez allés
qu'ils aillent	qu'ils soient allés

Imparfait	Plus-que-parfait
que j'allasse	que je fusse allé
que tu allasses	que tu fusses allé
qu'il allât	qu'il fût allé
que nous allassions	que nous fussions allés
que vous allassiez	que vous fussiez allés
qu'ils allassent	qu'ils fussent allés

IMPÉRATIF

Présent	Passé
va	sois allé
allons	soyons allés
allez	soyez allés

INFINITIF

Présent	Passé
aller	être allé

PARTICIPE

Présent	Passé
allant	allé
	étant allé

GÉRONDIF

Présent	Passé
en allant	en étant allé

• Forme surcomposée : *j'ai été allé* (→ Grammaire, § 92, 133).

• Le verbe **aller** se conjugue sur quatre radicaux distincts. À l'impératif, devant le pronom adverbial **y** non suivi d'un infinitif, **va** prend un **s** : *Vas-y*, mais : *Va y mettre bon ordre*. À la forme interrogative, on écrit : *va-t-il ?* comme : *aima-t-il ?*

• **S'en aller** se conjugue comme **aller**. Aux temps composés, on met l'auxiliaire **être** entre **en** et **allé** : *je m'en suis allé*, et non *je me suis en allé*. L'impératif est : *va-t'en* (avec élision de l'**e** du pronom réfléchi **te**), *allons-nous-en, allez-vous-en*.

INDICATIF	
Présent	*Passé composé*
je tiens	j'ai tenu
tu tiens	tu as tenu
il tient	il a tenu
nous tenons	nous avons tenu
vous tenez	vous avez tenu
ils tiennent	ils ont tenu
Imparfait	*Plus-que-parfait*
je tenais	j'avais tenu
tu tenais	tu avais tenu
il tenait	il avait tenu
nous tenions	nous avions tenu
vous teniez	vous aviez tenu
ils tenaient	ils avaient tenu
Passé simple	*Passé antérieur*
je tins	j'eus tenu
tu tins	tu eus tenu
il tint	il eut tenu
nous tînmes	nous eûmes tenu
vous tîntes	vous eûtes tenu
ils tinrent	ils eurent tenu
Futur	*Futur antérieur*
je tiendrai	j'aurai tenu
tu tiendras	tu auras tenu
il tiendra	il aura tenu
nous tiendrons	nous aurons tenu
vous tiendrez	vous aurez tenu
ils tiendront	ils auront tenu

CONDITIONNEL	
Présent	*Passé*
je tiendrais	j'aurais tenu
tu tiendrais	tu aurais tenu
il tiendrait	il aurait tenu
nous tiendrions	nous aurions tenu
vous tiendriez	vous auriez tenu
ils tiendraient	ils auraient tenu
	Passé 2ᵉ forme
	mêmes formes que le plus-que-parfait du subjonctif.

SUBJONCTIF

Présent	Passé
que je tienne	que j'aie tenu
que tu tiennes	que tu aies tenu
qu'il tienne	qu'il ait tenu
que nous tenions	que nous ayons tenu
que vous teniez	que vous ayez tenu
qu'ils tiennent	qu'ils aient tenu

Imparfait	Plus-que-parfait
que je tinsse	que j'eusse tenu
que tu tinsses	que tu eusses tenu
qu'il tînt	qu'il eût tenu
que nous tinssions	que nous eussions tenu
que vous tinssiez	que vous eussiez tenu
qu'ils tinssent	qu'ils eussent tenu

IMPÉRATIF

Présent	Passé
tiens	aie tenu
tenons	ayons tenu
tenez	ayez tenu

INFINITIF

Présent	Passé
tenir	avoir tenu

PARTICIPE

Présent	Passé
tenant	tenu
	ayant tenu

GÉRONDIF

Présent	Passé
en tenant	en ayant tenu

• Forme surcomposée : *j'ai eu tenu* (→ Grammaire, § 92, 133).

• Se conjuguent sur ce modèle **tenir**, **venir** et leurs composés (→ tableau 22). **Venir** et ses composés prennent l'auxiliaire **être**, sauf **circonvenir**, **contrevenir**, **prévenir**, **subvenir**.

• **Advenir** n'est employé qu'à la 3ᵉ personne du singulier et du pluriel ; les temps composés se forment avec l'auxiliaire **être** : *il est advenu*.

• D'**avenir** ne subsistent que le nom et l'adjectif (*avenant*).

INDICATIF

Présent	Passé composé
j'acquiers	j'ai acquis
tu acquiers	tu as acquis
il acquiert	il a acquis
nous acquérons	nous avons acquis
vous acquérez	vous avez acquis
ils acquièrent	ils ont acquis

Imparfait	Plus-que-parfait
j'acquérais	j'avais acquis
tu acquérais	tu avais acquis
il acquérait	il avait acquis
nous acquérions	nous avions acquis
vous acquériez	vous aviez acquis
ils acquéraient	ils avaient acquis

Passé simple	Passé antérieur
j'acquis	j'eus acquis
tu acquis	tu eus acquis
il acquit	il eut acquis
nous acquîmes	nous eûmes acquis
vous acquîtes	vous eûtes acquis
ils acquirent	ils eurent acquis

Futur	Futur antérieur
j'acquerrai	j'aurai acquis
tu acquerras	tu auras acquis
il acquerra	il aura acquis
nous acquerrons	nous aurons acquis
vous acquerrez	vous aurez acquis
ils acquerront	ils auront acquis

CONDITIONNEL

Présent	Passé
j'acquerrais	j'aurais acquis
tu acquerrais	tu aurais acquis
il acquerrait	il aurait acquis
nous acquerrions	nous aurions acquis
vous acquerriez	vous auriez acquis
ils acquerraient	ils auraient acquis

Passé 2ᵉ forme

mêmes formes que le plus-que-parfait
du subjonctif.

SUBJONCTIF

Présent	*Passé*
que j'acquière	que j'aie acquis
que tu acquières	que tu aies acquis
qu'il acquière	qu'il ait acquis
que nous acquérions	que nous ayons acquis
que vous acquériez	que vous ayez acquis
qu'ils acquièrent	qu'ils aient acquis

Imparfait	*Plus-que-parfait*
que j'acquisse	que j'eusse acquis
que tu acquisses	que tu eusses acquis
qu'il acquît	qu'il eût acquis
que nous acquissions	que nous eussions acquis
que vous acquissiez	que vous eussiez acquis
qu'ils acquissent	qu'ils eussent acquis

IMPÉRATIF

Présent	*Passé*
acquiers	aie acquis
acquérons	ayons acquis
acquérez	ayez acquis

INFINITIF

Présent	*Passé*
acquérir	avoir acquis

PARTICIPE

Présent	*Passé*
acquérant	acquis
	ayant acquis

GÉRONDIF

Présent	*Passé*
en acquérant	en ayant acquis

• Forme surcomposée : *j'ai eu acquis* (→ Grammaire, § 92, 133).

• Les composés de **quérir** se conjuguent sur ce modèle (→ tableau 22).

• Ne pas confondre le participe substantivé **acquis** *(avoir de l'acquis)* avec le substantif verbal **acquit** de **acquitter** *(par acquit, pour acquit)*. Noter la subsistance d'une forme ancienne dans la locution *à enquerre* (seulement à l'infinitif).

INDICATIF

Présent	Passé composé
je sens	j'ai senti
tu sens	tu as senti
il sent	il a senti
nous sentons	nous avons senti
vous sentez	vous avez senti
ils sentent	ils ont senti

Imparfait	Plus-que-parfait
je sentais	j'avais senti
tu sentais	tu avais senti
il sentait	il avait senti
nous sentions	nous avions senti
vous sentiez	vous aviez senti
ils sentaient	ils avaient senti

Passé simple	Passé antérieur
je sentis	j'eus senti
tu sentis	tu eus senti
il sentit	il eut senti
nous sentîmes	nous eûmes senti
vous sentîtes	vous eûtes senti
ils sentirent	ils eurent senti

Futur	Futur antérieur
je sentirai	j'aurai senti
tu sentiras	tu auras senti
il sentira	il aura senti
nous sentirons	nous aurons senti
vous sentirez	vous aurez senti
ils sentiront	ils auront senti

CONDITIONNEL

Présent	Passé
je sentirais	j'aurais senti
tu sentirais	tu aurais senti
il sentirait	il aurait senti
nous sentirions	nous aurions senti
vous sentiriez	vous auriez senti
ils sentiraient	ils auraient senti

Passé 2e forme

mêmes formes que le plus-que-parfait du subjonctif.

SUBJONCTIF

Présent	Passé
que je sente	que j'aie senti
que tu sentes	que tu aies senti
qu'il sente	qu'il ait senti
que nous sentions	que nous ayons senti
que vous sentiez	que vous ayez senti
qu'ils sentent	qu'ils aient senti

Imparfait	Plus-que-parfait
que je sentisse	que j'eusse senti
que tu sentisses	que tu eusses senti
qu'il sentît	qu'il eût senti
que nous sentissions	que nous eussions senti
que vous sentissiez	que vous eussiez senti
qu'ils sentissent	qu'ils eussent senti

IMPÉRATIF

Présent	Passé
sens	aie senti
sentons	ayons senti
sentez	ayez senti

INFINITIF

Présent	Passé
sentir	avoir senti

PARTICIPE

Présent	Passé
sentant	senti
	ayant senti

GÉRONDIF

Présent	Passé
en sentant	en ayant senti

• Forme surcomposée : *j'ai eu senti* (→ Grammaire, § 92, 133).

• **Mentir, sentir, partir, se repentir, sortir** et leurs composés se conjuguent sur ce modèle (→ tableau 22). Le participe passé *menti* est invariable, mais *démenti, ie*, s'accorde.

• **Départir**, employé d'ordinaire à la forme pronominale **se départir**, se conjugue normalement comme **partir** : *je me départs…, je me départais…, se départant*. On observe, sous l'influence sans doute de **répartir**, les formes : *il se départissait, se départissant*, et, au présent de l'indicatif : *il se départit*.

INDICATIF	
Présent	*Passé composé*
je vêts	j'ai vêtu
tu vêts	tu as vêtu
il vêt	il a vêtu
nous vêtons	nous avons vêtu
vous vêtez	vous avez vêtu
ils vêtent	ils ont vêtu
Imparfait	*Plus-que-parfait*
je vêtais	j'avais vêtu
tu vêtais	tu avais vêtu
il vêtait	il avait vêtu
nous vêtions	nous avions vêtu
vous vêtiez	vous aviez vêtu
ils vêtaient	ils avaient vêtu
Passé simple	*Passé antérieur*
je vêtis	j'eus vêtu
tu vêtis	tu eus vêtu
il vêtit	il eut vêtu
nous vêtîmes	nous eûmes vêtu
vous vêtîtes	vous eûtes vêtu
ils vêtirent	ils eurent vêtu
Futur	*Futur antérieur*
je vêtirai	j'aurai vêtu
tu vêtiras	tu auras vêtu
il vêtira	il aura vêtu
nous vêtirons	nous aurons vêtu
vous vêtirez	vous aurez vêtu
ils vêtiront	ils auront vêtu

CONDITIONNEL	
Présent	*Passé*
je vêtirais	j'aurais vêtu
tu vêtirais	tu aurais vêtu
il vêtirait	il aurait vêtu
nous vêtirions	nous aurions vêtu
vous vêtiriez	vous auriez vêtu
ils vêtiraient	ils auraient vêtu
	Passé 2e forme
	mêmes formes que le plus-que-parfait du subjonctif.

SUBJONCTIF

Présent	*Passé*
que je vête	que j'aie vêtu
que tu vêtes	que tu aies vêtu
qu'il vête	qu'il ait vêtu
que nous vêtions	que nous ayons vêtu
que vous vêtiez	que vous ayez vêtu
qu'ils vêtent	qu'ils aient vêtu

Imparfait	*Plus-que-parfait*
que je vêtisse	que j'eusse vêtu
que tu vêtisses	que tu eusses vêtu
qu'il vêtît	qu'il eût vêtu
que nous vêtissions	que nous eussions vêtu
que vous vêtissiez	que vous eussiez vêtu
qu'ils vêtissent	qu'ils eussent vêtu

IMPÉRATIF

Présent	*Passé*
vêts	aie vêtu
vêtons	ayons vêtu
vêtez	ayez vêtu

INFINITIF

Présent	*Passé*
vêtir	avoir vêtu

PARTICIPE

Présent	*Passé*
vêtant	vêtu
	ayant vêtu

GÉRONDIF

Présent	*Passé*
en vêtant	en ayant vêtu

• Forme surcomposée : *j'ai eu vêtu* (→ Grammaire, § 92, 133).

• **Dévêtir**, **survêtir** et **revêtir** se conjuguent sur ce modèle.

• Concurremment aux formes du présent de l'indicatif et de l'impératif de vêtir données par le tableau, on trouve également des formes conjuguées sur le modèle de finir.

Cependant, dans les composés, les formes primitives sont seules admises : *il revêt, il revêtait, revêtant.*

INDICATIF

Présent	*Passé composé*
je couvre	j'ai couvert
tu couvres	tu as couvert
il couvre	il a couvert
nous couvrons	nous avons couvert
vous couvrez	vous avez couvert
ils couvrent	ils ont couvert

Imparfait	*Plus-que-parfait*
je couvrais	j'avais couvert
tu couvrais	tu avais couvert
il couvrait	il avait couvert
nous couvrions	nous avions couvert
vous couvriez	vous aviez couvert
ils couvraient	ils avaient couvert

Passé simple	*Passé antérieur*
je couvris	j'eus couvert
tu couvris	tu eus couvert
il couvrit	il eut couvert
nous couvrîmes	nous eûmes couvert
vous couvrîtes	vous eûtes couvert
ils couvrirent	ils eurent couvert

Futur	*Futur antérieur*
je couvrirai	j'aurai couvert
tu couvriras	tu auras couvert
il couvrira	il aura couvert
nous couvrirons	nous aurons couvert
vous couvrirez	vous aurez couvert
ils couvriront	ils auront couvert

CONDITIONNEL

Présent	*Passé*
je couvrirais	j'aurais couvert
tu couvrirais	tu aurais couvert
il couvrirait	il aurait couvert
nous couvririons	nous aurions couvert
vous couvririez	vous auriez couvert
ils couvriraient	ils auraient couvert

Passé 2e forme

mêmes formes que le plus-que-parfait
du subjonctif.

SUBJONCTIF

Présent	*Passé*
que je couvre	que j'aie couvert
que tu couvres	que tu aies couvert
qu'il couvre	qu'il ait couvert
que nous couvrions	que nous ayons couvert
que vous couvriez	que vous ayez couvert
qu'ils couvrent	qu'ils aient couvert

Imparfait	*Plus-que-parfait*
que je couvrisse	que j'eusse couvert
que tu couvrisses	que tu eusses couvert
qu'il couvrît	qu'il eût couvert
que nous couvrissions	que nous eussions couvert
que vous couvrissiez	que vous eussiez couvert
qu'ils couvrissent	qu'ils eussent couvert

IMPÉRATIF

Présent	*Passé*
couvre	aie couvert
couvrons	ayons couvert
couvrez	ayez couvert

INFINITIF

Présent	*Passé*
couvrir	avoir couvert

PARTICIPE

Présent	*Passé*
couvrant	couvert
	ayant couvert

GÉRONDIF

Présent	*Passé*
en couvrant	en ayant couvert

• Forme surcomposée : *j'ai eu couvert* (→ Grammaire, § 92, 133).

• Ainsi se conjuguent **couvrir**, **ouvrir**, **souffrir** et leurs composés (→ 22).

• Remarquer l'analogie des terminaisons du présent de l'indicatif, de l'impératif et du subjonctif avec celles des verbes du 1er groupe.

INDICATIF

Présent

je cueille
tu cueilles
il cueille
nous cueillons
vous cueillez
ils cueillent

Imparfait

je cueillais
tu cueillais
il cueillait
nous cueillions
vous cueilliez
ils cueillaient

Passé simple

je cueillis
tu cueillis
il cueillit
nous cueillîmes
vous cueillîtes
ils cueillirent

Futur simple

je cueillerai
tu cueilleras
il cueillera
nous cueillerons
vous cueillerez
ils cueilleront

Passé composé

j'ai cueilli
tu as cueilli
il a cueilli
nous avons cueilli
vous avez cueilli
ils ont cueilli

Plus-que-parfait

j'avais cueilli
tu avais cueilli
il avait cueilli
nous avions cueilli
vous aviez cueilli
ils avaient cueilli

Passé antérieur

j'eus cueilli
tu eus cueilli
il eut cueilli
nous eûmes cueilli
vous eûtes cueilli
ils eurent cueilli

Futut antérieur

j'aurai cueilli
tu auras cueilli
il aura cueilli
nous aurons cueilli
vous aurez cueilli
ils auront cueilli

CONDITIONNEL

Présent

je cueillerais
tu cueillerais
il cueillerait
nous cueillerions
vous cueilleriez
ils cueilleraient

Passé

j'aurais cueilli
tu aurais cueilli
il aurait cueilli
nous aurions cueilli
vous auriez cueilli
ils auraient cueilli

Passé 2e forme

mêmes formes que le plus-que-parfait
du subjonctif.

SUBJONCTIF

Présent	_Passé_
que je cueille	que j'aie cueilli
que tu cueilles	que tu aies cueilli
qu'il cueille	qu'il ait cueilli
que nous cueillions	que nous ayons cueilli
que vous cueilliez	que vous ayez cueilli
qu'ils cueillent	qu'ils aient cueilli

Imparfait	_Plus-que-parfait_
que je cueillisse	que j'eusse cueilli
que tu cueillisses	que tu eusses cueilli
qu'il cueillît	qu'il eût cueilli
que nous cueillissions	que nous eussions cueilli
que vous cueillissiez	que vous eussiez cueilli
qu'ils cueillissent	qu'ils eussent cueilli

IMPÉRATIF

Présent	_Passé_
cueille	aie cueilli
cueillons	ayons cueilli
cueillez	ayez cueilli

INFINITIF

Présent	_Passé_
cueillir	avoir cueilli

PARTICIPE

Présent	_Passé_
cueillant	cueilli
	ayant cueilli

GÉRONDIF

Présent	_Passé_
en cueillant	en ayant cueilli

• Forme surcomposée : _j'ai eu cueilli_ (→ Grammaire, § 92, 133).

• Se conjuguent sur ce modèle **accueillir** et **recueillir**.

• Remarquer l'analogie des terminaisons de ce verbe avec celles des verbes du 1er groupe, en particulier au futur et au conditionnel présent : _je cueillerai_ comme _j'aimerai_. (Mais le passé simple est _je cueillis_, différent de _j'aimai_.)

INDICATIF

Présent	Passé composé
j'assaille	j'ai assailli
tu assailles	tu as assailli
il assaille	il a assailli
nous assaillons	nous avons assailli
vous assaillez	vous avez assailli
ils assaillent	ils ont assailli

Imparfait	Plus-que-parfait
j'assaillais	j'avais assailli
tu assaillais	tu avais assailli
il assaillait	il avait assailli
nous assaillions	nous avions assailli
vous assailliez	vous aviez assailli
ils assaillaient	ils avaient assailli

Passé simple	Passé antérieur
j'assaillis	j'eus assailli
tu assaillis	tu eus assailli
il assaillit	il eut assailli
nous assaillîmes	nous eûmes assailli
vous assaillîtes	vous eûtes assailli
ils assaillirent	ils eurent assailli

Futur simple	Futur antérieur
j'assaillirai	j'aurai assailli
tu assailliras	tu auras assailli
il assaillira	il aura assailli
nous assaillirons	nous aurons assailli
vous assaillirez	vous aurez assailli
ils assailliront	ils auront assailli

CONDITIONNEL

Présent	Passé
j'assaillirais	j'aurais assailli
tu assaillirais	tu aurais assailli
il assaillirait	il aurait assailli
nous assaillirions	nous aurions assailli
vous assailliriez	vous auriez assailli
ils assailliraient	ils auraient assailli

Passé 2e forme

mêmes formes que le plus-que-parfait du subjonctif.

SUBJONCTIF

Présent	Passé
que j'assaille	que j'aie assailli
que tu assailles	que tu aies assailli
qu'il assaille	qu'il ait assailli
que nous assaillions	que nous ayons assailli
que vous assailliez	que vous ayez assailli
qu'ils assaillent	qu'ils aient assailli

Imparfait	Plus-que-parfait
que j'assaillisse	que j'eusse assailli
que tu assaillisses	que tu eusses assailli
qu'il assaillît	qu'il eût assailli
que nous assaillissions	que nous eussions assailli
que vous assaillissiez	que vous eussiez assailli
qu'ils assaillissent	qu'ils eussent assailli

IMPÉRATIF

Présent	Passé
assaille	aie assailli
assaillons	ayons assailli
assaillez	ayez assailli

INFINITIF

Présent	Passé
assaillir	avoir assailli

PARTICIPE

Présent	Passé
assaillant	assailli
	ayant assailli

GÉRONDIF

Présent	Passé
en assaillant	en ayant assailli

• Forme surcomposée : *j'ai eu assailli* (→ Grammaire, § 92, 133).

• **Tressaillir** et **défaillir** se conjuguent sur ce modèle (→ note du tableau 31).

• **Saillir**, au sens de *sortir, s'élancer*, se conjugue sur le modèle d'**assaillir**. **Saillir**, au sens de *s'accoupler*, se conjugue sur le modèle de **finir**.

INDICATIF	
Présent	*Passé composé*
je *faux*	j'ai failli
tu *faux*	tu as failli
il *faut*	il a failli
nous *faillons*	nous avons failli
vous *faillez*	vous avez failli
ils *faillent*	ils ont failli
Imparfait	*Plus-que-parfait*
je *faillais*	j'avais failli
tu *faillais*	tu avais failli
il *faillait*	il avait failli
nous *faillions*	nous avions failli
vous *failliez*	vous aviez failli
ils *faillaient*	ils avaient failli
Passé simple	*Passé antérieur*
je faillis	j'eus failli
tu faillis	tu eus failli
il faillit	il eut failli
nous faillîmes	nous eûmes failli
vous faillîtes	vous eûtes failli
ils faillirent	ils eurent failli
Futur simple	*Futur antérieur*
je faillirai / *faudrai*	j'aurai failli
tu failliras / *faudras*	tu auras failli
il faillira / *faudra*	il aura failli
nous faillirons / *faudrons*	nous aurons failli
vous faillirez / *faudrez*	vous aurez failli
ils failliront / *faudront*	ils auront failli

CONDITIONNEL	
Présent	*Passé*
je faillirais / *faudrais*	j'aurais failli
tu faillirais / *faudrais*	tu aurais failli
il faillirait / *faudrait*	il aurait failli
nous faillirions / *faudrions*	nous aurions failli
vous failliriez / *faudriez*	vous auriez failli
ils failliraient / *faudraient*	ils auraient failli
	Passé 2e forme
	mêmes formes que le plus-que-parfait du subjonctif.

SUBJONCTIF

Présent	Passé
que je faillisse / *faille*	que j'aie failli
que tu faillisses / *failles*	que tu aies failli
qu'il faillisse / *faille*	qu'il ait failli
que nous faillissions / *faillions*	que nous ayons failli
que vous faillissiez / *failliez*	que vous ayez failli
qu'ils faillissent / *faillent*	qu'ils aient failli

Imparfait	Plus-que-parfait
que je *faillisse*	que j'eusse failli
que tu *faillisses*	que tu eusses failli
qu'il *faillisse*	qu'il eût failli
que nous *faillissions*	que nous eussions failli
que vous *faillissiez*	que vous eussiez failli
qu'ils *faillissent*	qu'ils eussent failli

IMPÉRATIF

Présent	Passé

INFINITIF

Présent	Passé
faillir	avoir failli

PARTICIPE

Présent	Passé
faillant	failli
	ayant failli

GÉRONDIF

Présent	Passé
en faillant	en ayant failli

• Forme surcomposée : *j'ai eu failli* (→ Grammaire, § 92, 133).

• Le verbe **défaillir** se conjugue sur **assaillir** (→ tableau 30), mais certains temps sont moins employés.

INDICATIF	
Présent	*Passé composé*
je bous	j'ai bouilli
tu bous	tu as bouilli
il bout	il a bouilli
nous bouillons	nous avons bouilli
vous bouillez	vous avez bouilli
ils bouillent	ils ont bouilli
Imparfait	*Plus-que-parfait*
je bouillais	j'avais bouilli
tu bouillais	tu avais bouilli
il bouillait	il avait bouilli
nous bouillions	nous avions bouilli
vous bouilliez	vous aviez bouilli
ils bouillaient	ils avaient bouilli
Passé simple	*Passé antérieur*
je bouillis	j'eus bouilli
tu bouillis	tu eus bouilli
il bouillit	il eut bouilli
nous bouillîmes	nous eûmes bouilli
vous bouillîtes	vous eûtes bouilli
ils bouillirent	ils eurent bouilli
Futur simple	*Futur antérieur*
je bouillirai	j'aurai bouilli
tu bouilliras	tu auras bouilli
il bouillira	il aura bouilli
nous bouillirons	nous aurons bouilli
vous bouillirez	vous aurez bouilli
ils bouilliront	ils auront bouilli

CONDITIONNEL	
Présent	*Passé*
je bouillirais	j'aurais bouilli
tu bouillirais	tu aurais bouilli
il bouillirait	il aurait bouilli
nous bouillirions	nous aurions bouilli
vous bouilliriez	vous auriez bouilli
ils bouilliraient	ils auraient bouilli
	Passé 2e forme
	mêmes formes que le plus-que-parfait du subjonctif.

SUBJONCTIF

Présent	*Passé*
que je bouille	que j'aie bouilli
que tu bouilles	que tu aies bouilli
qu'il bouille	qu'il ait bouilli
que nous bouillions	que nous ayons bouilli
que vous bouilliez	que vous ayez bouilli
qu'ils bouillent	qu'ils aient bouilli

Imparfait	*Plus-que-parfait*
que je bouillisse	que j'eusse bouilli
que tu bouillisses	que tu eusses bouilli
qu'il bouillît	qu'il eût bouilli
que nous bouillissions	que nous eussions bouilli
que vous bouillissiez	que vous eussiez bouilli
qu'ils bouillissent	qu'ils eussent bouilli

IMPÉRATIF

Présent	*Passé*
bous	aie bouilli
bouillons	ayons bouilli
bouillez	ayez bouilli

INFINITIF

Présent	*Passé*
bouillir	avoir bouilli

PARTICIPE

Présent	*Passé*
bouillant	bouilli
	ayant bouilli

GÉRONDIF

Présent	*Passé*
en bouillant	en ayant bouilli

• Forme surcomposée : *j'ai eu bouilli* (→ Grammaire, § 92, 133).

INDICATIF

Présent	Passé composé
je dors	j'ai dormi
tu dors	tu as dormi
il dort	il a dormi
nous dormons	nous avons dormi
vous dormez	vous avez dormi
ils dorment	ils ont dormi

Imparfait	Plus-que-parfait
je dormais	j'avais dormi
tu dormais	tu avais dormi
il dormait	il avait dormi
nous dormions	nous avions dormi
vous dormiez	vous aviez dormi
ils dormaient	ils avaient dormi

Passé simple	Passé antérieur
je dormis	j'eus dormi
tu dormis	tu eus dormi
il dormit	il eut dormi
nous dormîmes	nous eûmes dormi
vous dormîtes	vous eûtes dormi
ils dormirent	ils eurent dormi

Futur simple	Futur antérieur
je dormirai	j'aurai dormi
tu dormiras	tu auras dormi
il dormira	il aura dormi
nous dormirons	nous aurons dormi
vous dormirez	vous aurez dormi
ils dormiront	ils auront dormi

CONDITIONNEL

Présent	Passé
je dormirais	j'aurais dormi
tu dormirais	tu aurais dormi
il dormirait	il aurait dormi
nous dormirions	nous aurions dormi
vous dormiriez	vous auriez dormi
ils dormiraient	ils auraient dormi

Passé 2ᵉ forme

mêmes formes que le plus-que-parfait du subjonctif.

SUBJONCTIF

Présent	Passé
que je dorme	que j'aie dormi
que tu dormes	que tu aies dormi
qu'il dorme	qu'il ait dormi
que nous dormions	que nous ayons dormi
que vous dormiez	que vous ayez dormi
qu'ils dorment	qu'ils aient dormi

Imparfait	Plus-que-parfait
que je dormisse	que j'eusse dormi
que tu dormisses	que tu eusses dormi
qu'il dormît	qu'il eût dormi
que nous dormissions	que nous eussions dormi
que vous dormissiez	que vous eussiez dormi
qu'ils dormissent	qu'ils eussent dormi

IMPÉRATIF

Présent	Passé
dors	aie dormi
dormons	ayons dormi
dormez	ayez dormi

INFINITIF

Présent	Passé
dormir	avoir dormi

PARTICIPE

Présent	Passé
dormant	dormi
	ayant dormi

GÉRONDIF

Présent	Passé
en dormant	en ayant dormi

• Forme surcomposée : *j'ai eu dormi* (→ Grammaire, § 92, 133).

• Se conjuguent sur ce modèle **endormir**, **rendormir**. Ces deux derniers verbes ont un participe passé variable : *endormi, ie, is, ies…*

INDICATIF

Présent	Passé composé
je cours	j'ai couru
tu cours	tu as couru
il court	il a couru
nous courons	nous avons couru
vous courez	vous avez couru
ils courent	ils ont couru

Imparfait	Plus-que-parfait
je courais	j'avais couru
tu courais	tu avais couru
il courait	il avait couru
nous courions	nous avions couru
vous couriez	vous aviez couru
ils couraient	ils avaient couru

Passé simple	Passé antérieur
je courus	j'eus couru
tu courus	tu eus couru
il courut	il eut couru
nous courûmes	nous eûmes couru
vous courûtes	vous eûtes couru
ils coururent	ils eurent couru

Futur simple	Futur antérieur
je courrai	j'aurai couru
tu courras	tu auras couru
il courra	il aura couru
nous courrons	nous aurons couru
vous courrez	vous aurez couru
ils courront	ils auront couru

CONDITIONNEL

Présent	Passé
je courrais	j'aurais couru
tu courrais	tu aurais couru
il courrait	il aurait couru
nous courrions	nous aurions couru
vous courriez	vous auriez couru
ils courraient	ils auraient couru

Passé 2e forme

mêmes formes que le plus-que-parfait du subjonctif.

SUBJONCTIF

Présent	*Passé*
que je coure	que j'aie couru
que tu coures	que tu aies couru
qu'il coure	qu'il ait couru
que nous courions	que nous ayons couru
que vous couriez	que vous ayez couru
qu'ils courent	qu'ils aient couru

Imparfait	*Plus-que-parfait*
que je courusse	que j'eusse couru
que tu courusses	que tu eusses couru
qu'il courût	qu'il eût couru
que nous courussions	que nous eussions couru
que vous courussiez	que vous eussiez couru
qu'ils courussent	qu'ils eussent couru

IMPÉRATIF

Présent	*Passé*
cours	aie couru
courons	ayons couru
courez	ayez couru

INFINITIF

Présent	*Passé*
courir	avoir couru

PARTICIPE

Présent	*Passé*
courant	couru
	ayant couru

GÉRONDIF

Présent	*Passé*
en courant	en ayant couru

• Forme surcomposée : *j'ai eu couru* (→ Grammaire, § 92, 133).

• Les composés de **courir** se conjuguent sur ce modèle (→ tableau 22).

• Remarquer les deux **r** : le premier **r** est celui du radical et le second est l'affixe du futur ou du conditionnel présent : *je courrai, je courrais*.

INDICATIF

Présent	Passé composé
je meurs	je suis mort
tu meurs	tu es mort
il meurt	il est mort
nous mourons	nous sommes morts
vous mourez	vous êtes morts
ils meurent	ils sont morts

Imparfait	Plus-que-parfait
je mourais	j'étais mort
tu mourais	tu étais mort
il mourait	il était mort
nous mourions	nous étions morts
vous mouriez	vous étiez morts
ils mouraient	ils étaient morts

Passé simple	Passé antérieur
je mourus	je fus mort
tu mourus	tu fus mort
il mourut	il fut mort
nous mourûmes	nous fûmes morts
vous mourûtes	vous fûtes morts
ils moururent	ils furent morts

Futur simple	Futur antérieur
je mourrai	je serai mort
tu mourras	tu seras mort
il mourra	il sera mort
nous mourrons	nous serons morts
vous mourrez	vous serez morts
ils mourront	ils seront morts

CONDITIONNEL

Présent	Passé
je mourrais	je serais mort
tu mourrais	tu serais mort
il mourrait	il serait mort
nous mourrions	nous serions morts
vous mourriez	vous seriez morts
ils mourraient	ils seraient morts

Passé 2ᵉ forme

mêmes formes que le plus-que-parfait du subjonctif.

SUBJONCTIF

Présent	*Passé*
que je meure	que je sois mort
que tu meures	que tu sois mort
qu'il meure	qu'il soit mort
que nous mourions	que nous soyons morts
que vous mouriez	que vous soyez morts
qu'ils meurent	qu'ils soient morts

Imparfait	*Plus-que-parfait*
que je mourusse	que je fusse mort
que tu mourusses	que tu fusses mort
qu'il mourût	qu'il fût mort
que nous mourussions	que nous fussions morts
que vous mourussiez	que vous fussiez morts
qu'ils mourussent	qu'ils fussent morts

IMPÉRATIF

Présent	*Passé*
meurs	sois mort
mourons	soyons morts
mourez	soyez morts

INFINITIF

Présent	*Passé*
mourir	être mort

PARTICIPE

Présent	*Passé*
mourant	mort
	étant mort

GÉRONDIF

Présent	*Passé*
en mourant	en étant mort

• Remarquer le redoublement du **r** au futur et au conditionnel présent : *je mourrai, je mourrais*, et l'emploi de l'auxiliaire **être** dans les temps composés.

• À la forme pronominale, le verbe *se mourir* ne se conjugue qu'au présent, à l'imparfait de l'indicatif et au participe présent.

INDICATIF

Présent	Passé composé
je sers	j'ai servi
tu sers	tu as servi
il sert	il a servi
nous servons	nous avons servi
vous servez	vous avez servi
ils servent	ils ont servi

Imparfait	Plus-que-parfait
je servais	j'avais servi
tu servais	tu avais servi
il servait	il avait servi
nous servions	nous avions servi
vous serviez	vous aviez servi
ils servaient	ils avaient servi

Passé simple	Passé antérieur
je servis	j'eus servi
tu servis	tu eus servi
il servit	il eut servi
nous servîmes	nous eûmes servi
vous servîtes	vous eûtes servi
ils servirent	ils eurent servi

Futur simple	Futur antérieur
je servirai	j'aurai servi
tu serviras	tu auras servi
il servira	il aura servi
nous servirons	nous aurons servi
vous servirez	vous aurez servi
ils serviront	ils auront servi

CONDITIONNEL

Présent	Passé
je servirais	j'aurais servi
tu servirais	tu aurais servi
il servirait	il aurait servi
nous servirions	nous aurions servi
vous serviriez	vous auriez servi
ils serviraient	ils auraient servi

Passé 2e forme

mêmes formes que le plus-que-parfait du subjonctif.

SUBJONCTIF

Présent	*Passé*
que je serve	que j'aie servi
que tu serves	que tu aies servi
qu'il serve	qu'il ait servi
que nous servions	que nous ayons servi
que vous serviez	que vous ayez servi
qu'ils servent	qu'ils aient servi

Imparfait	*Plus-que-parfait*
que je servisse	que j'eusse servi
que tu servisses	que tu eusses servi
qu'il servît	qu'il eût servi
que nous servissions	que nous eussions servi
que vous servissiez	que vous eussiez servi
qu'ils servissent	qu'ils eussent servi

IMPÉRATIF

Présent	*Passé*
sers	aie servi
servons	ayons servi
servez	ayez servi

INFINITIF

Présent	*Passé*
servir	avoir servi

PARTICIPE

Présent	*Passé*
servant	servi
	ayant servi

GÉRONDIF

Présent	*Passé*
en servant	en ayant servi

• Forme surcomposée : *j'ai eu servi* (→ Grammaire, § 92, 133).

• **Desservir, resservir** se conjuguent sur ce modèle. Mais **asservir** se conjugue sur **finir** (→ tableau 20).

INDICATIF	
Présent	*Passé composé*
je fuis	j'ai fui
tu fuis	tu as fui
il fuit	il a fui
nous fuyons	nous avons fui
vous fuyez	vous avez fui
ils fuient	ils ont fui
Imparfait	*Plus-que-parfait*
je fuyais	j'avais fui
tu fuyais	tu avais fui
il fuyait	il avait fui
nous fuyions	nous avions fui
vous fuyiez	vous aviez fui
ils fuyaient	ils avaient fui
Passé simple	*Passé antérieur*
je fuis	j'eus fui
tu fuis	tu eus fui
il fuit	il eut fui
nous fuîmes	nous eûmes fui
vous fuîtes	vous eûtes fui
ils fuirent	ils eurent fui
Futur simple	*Futur antérieur*
je fuirai	j'aurai fui
tu fuiras	tu auras fui
il fuira	il aura fui
nous fuirons	nous aurons fui
vous fuirez	vous aurez fui
ils fuiront	ils auront fui

CONDITIONNEL	
Présent	*Passé*
je fuirais	j'aurais fui
tu fuirais	tu aurais fui
il fuirait	il aurait fui
nous fuirions	nous aurions fui
vous fuiriez	vous auriez fui
ils fuiraient	ils auraient fui
	Passé 2e forme
	mêmes formes que le plus-que-parfait du subjonctif.

SUBJONCTIF

Présent	*Passé*
que je fuie	que j'aie fui
que tu fuies	que tu aies fui
qu'il fuie	qu'il ait fui
que nous fuyions	que nous ayons fui
que vous fuyiez	que vous ayez fui
qu'ils fuient	qu'ils aient fui

Imparfait	*Plus-que-parfait*
que je fuisse	que j'eusse fui
que tu fuisses	que tu eusses fui
qu'il fuît	qu'il eût fui
que nous fuissions	que nous eussions fui
que vous fuissiez	que vous eussiez fui
qu'ils fuissent	qu'ils eussent fui

IMPÉRATIF

Présent	*Passé*
fuis	aie fui
fuyons	ayons fui
fuyez	ayez fui

INFINITIF

Présent	*Passé*
fuir	avoir fui

PARTICIPE

Présent	*Passé*
fuyant	fui
	ayant fui

GÉRONDIF

Présent	*Passé*
en fuyant	en ayant fui

• Forme surcomposée : *j'ai eu fui* (→ Grammaire, § 92, 133).

• **S'enfuir** se conjugue sur ce modèle.

INDICATIF

Présent

j'ois
tu ois
il oit
nous oyons
vous oyez
ils oient

Passé composé

j'ai ouï
tu as ouï
il a ouï
nous avons ouï
vous avez ouï
ils ont ouï

Imparfait

j'oyais
tu oyais
il oyait
nous oyions
vous oyiez
ils oyaient

Plus-que-parfait

j'avais ouï
tu avais ouï
il avait ouï
nous avions ouï
vous aviez ouï
ils avaient ouï

Passé simple

j'ouïs
tu ouïs
il ouït
nous ouïmes
vous ouïtes
ils ouïrent

Passé antérieur

j'eus ouï
tu eus ouï
il eut ouï
nous eûmes ouï
vous eûtes ouï
ils eurent ouï

Futur simple

j'ouïrai / j'orrai / j'oirai
tu ouïras / orras
il ouïra / orra
nous ouïrons / orrons
vous ouïrez / orrez
ils ouïront / orront

Futur antérieur

j'aurai ouï
tu auras ouï
il aura ouï
nous aurons ouï
vous aurez ouï
ils auront ouï

CONDITIONNEL

Présent

j'ouïrais / j'orrais / j'oirais
tu ouïrais / orrais
il ouïrait / orrait
nous ouïrions / orrions
vous ouïriez / orriez
ils ouïraient / orraient

Passé

j'aurais ouï
tu aurais ouï
il aurait ouï
nous aurions ouï
vous auriez ouï
ils auraient ouï

Passé 2e forme

mêmes formes que le plus-que-parfait
du subjonctif.

SUBJONCTIF

Présent	Passé
que j'*oie*	que j'*aie ouï*
que tu *oies*	que tu *aies ouï*
qu'il *oie*	qu'il *ait ouï*
que nous *oyions*	que nous *ayons ouï*
que vous *oyiez*	que vous *ayez ouï*
qu'ils *oient*	qu'ils *aient ouï*

Imparfait	Plus-que-parfait
que j'*ouïsse*	que j'*eusse ouï*
que tu *ouïsses*	que tu *eusses ouï*
qu'il *ouït*	qu'il *eût ouï*
que nous *ouïssions*	que nous *eussions ouï*
que vous *ouïssiez*	que vous *eussiez ouï*
qu'ils *ouïssent*	qu'ils *eussent ouï*

IMPÉRATIF

Présent	Passé
ois	*aie ouï*
oyons	*ayons ouï*
oyez	*ayez ouï*

INFINITIF

Présent	Passé
ouïr	*avoir ouï*

PARTICIPE

Présent	Passé
oyant	*ouï*
	ayant ouï

GÉRONDIF

Présent	Passé
en oyant	*en ayant ouï*

Le verbe **ouïr** a définitivement cédé la place à **entendre**. Il n'est plus employé qu'à l'infinitif et dans l'expression « **par ouï-dire** ». La conjugaison archaïque est donnée ci-dessus en italique. À noter le futur j'*ouïrai*, refait d'après l'infinitif sur le modèle de **sentir** *(je sentirai)*.

INDICATIF	
Présent	*Passé composé*
je gis	
tu gis	
il gît	
nous gisons	
vous gisez	
ils gisent	
Imparfait	*Plus-que-parfait*
je gisais	
tu gisais	
il gisait	
nous gisions	
vous gisiez	
ils gisaient	
Passé simple	*Passé antérieur*
Futur simple	*Futur antérieur*

CONDITIONNEL	
Présent	*Passé*
	Passé 2ᵉ forme
	mêmes formes que le plus-que-parfait du subjonctif.

SUBJONCTIF

Présent	Passé

Imparfait	Plus-que-parfait

IMPÉRATIF

Présent	Passé

INFINITIF

Présent	Passé

PARTICIPE

Présent	Passé
gisant	

GÉRONDIF

Présent	Passé
en gisant	

Ce verbe, qui signifie : *être couché*, n'est plus d'usage qu'aux formes ci-dessus. On n'emploie guère le verbe **gésir** qu'en parlant de personnes malades ou mortes, et de choses renversées par le temps ou la destruction : *Nous* **gisions** *tous les deux sur le pavé d'un cachot, malades et privés de secours. Son cadavre* **gît** *maintenant dans le tombeau. Des colonnes* **gisant** *éparses* (Académie). Cf. l'inscription funéraire : *Ci-gît.*

INDICATIF	
Présent	*Passé composé*
je reçois	j'ai reçu
tu reçois	tu as reçu
il reçoit	il a reçu
nous recevons	nous avons reçu
vous recevez	vous avez reçu
ils reçoivent	ils ont reçu
Imparfait	*Plus-que-parfait*
je recevais	j'avais reçu
tu recevais	tu avais reçu
il recevait	il avait reçu
nous recevions	nous avions reçu
vous receviez	vous aviez reçu
ils recevaient	ils avaient reçu
Passé simple	*Passé antérieur*
je reçus	j'eus reçu
tu reçus	tu eus reçu
il reçut	il eut reçu
nous reçûmes	nous eûmes reçu
vous reçûtes	vous eûtes reçu
ils reçurent	ils eurent reçu
Futur simple	*Futur antérieur*
je recevrai	j'aurai reçu
tu recevras	tu auras reçu
il recevra	il aura reçu
nous recevrons	nous aurons reçu
vous recevrez	vous aurez reçu
ils recevront	ils auront reçu

CONDITIONNEL	
Présent	*Passé*
je recevrais	j'aurais reçu
tu recevrais	tu aurais reçu
il recevrait	il aurait reçu
nous recevrions	nous aurions reçu
vous recevriez	vous auriez reçu
ils recevraient	ils auraient reçu
	Passé 2ᵉ forme
	mêmes formes que le plus-que-parfait du subjonctif.

SUBJONCTIF

Présent	Passé
que je reçoive	que j'aie reçu
que tu reçoives	que tu aies reçu
qu'il reçoive	qu'il ait reçu
que nous recevions	que nous ayons reçu
que vous receviez	que vous ayez reçu
qu'ils reçoivent	qu'ils aient reçu

Imparfait	Plus-que-parfait
que je reçusse	que j'eusse reçu
que tu reçusses	que tu eusses reçu
qu'il reçût	qu'il eût reçu
que nous reçussions	que nous eussions reçu
que vous reçussiez	que vous eussiez reçu
qu'ils reçussent	qu'ils eussent reçu

IMPÉRATIF

Présent	Passé
reçois	aie reçu
recevons	ayons reçu
recevez	ayez reçu

INFINITIF

Présent	Passé
recevoir	avoir reçu

PARTICIPE

Présent	Passé
recevant	reçu
	ayant reçu

GÉRONDIF

Présent	Passé
en recevant	en ayant reçu

- Forme surcomposée : *j'ai eu reçu* (→ Grammaire, § 92, 133).
- La cédille est placée sous le **c** chaque fois qu'il précède un **o** ou un **u**.
- **Apercevoir, concevoir, décevoir, percevoir** se conjuguent sur ce modèle.

INDICATIF

Présent	Passé composé
je vois	j'ai vu
tu vois	tu as vu
il voit	il a vu
nous voyons	nous avons vu
vous voyez	vous avez vu
ils voient	ils ont vu

Imparfait	Plus-que-parfait
je voyais	j'avais vu
tu voyais	tu avais vu
il voyait	il avait vu
nous voyions	nous avions vu
vous voyiez	vous aviez vu
ils voyaient	ils avaient vu

Passé simple	Passé antérieur
je vis	j'eus vu
tu vis	tu eus vu
il vit	il eut vu
nous vîmes	nous eûmes vu
vous vîtes	vous eûtes vu
ils virent	ils eurent vu

Futur simple	Futur antérieur
je verrai	j'aurai vu
tu verras	tu auras vu
il verra	il aura vu
nous verrons	nous aurons vu
vous verrez	vous aurez vu
ils verront	ils auront vu

CONDITIONNEL

Présent	Passé
je verrais	j'aurais vu
tu verrais	tu aurais vu
il verrait	il aurait vu
nous verrions	nous aurions vu
vous verriez	vous auriez vu
ils verraient	ils auraient vu

Passé 2e forme

mêmes formes que le plus-que-parfait
du subjonctif.

SUBJONCTIF

Présent	Passé
que je voie	que j'aie vu
que tu voies	que tu aies vu
qu'il voie	qu'il ait vu
que nous voyions	que nous ayons vu
que vous voyiez	que vous ayez vu
qu'ils voient	qu'ils aient vu

Imparfait	Plus-que-parfait
que je visse	que j'eusse vu
que tu visses	que tu eusses vu
qu'il vît	qu'il eût vu
que nous vissions	que nous eussions vu
que vous vissiez	que vous eussiez vu
qu'ils vissent	qu'ils eussent vu

IMPÉRATIF

Présent	Passé
vois	aie vu
voyons	ayons vu
voyez	ayez vu

INFINITIF

Présent	Passé
voir	avoir vu

PARTICIPE

Présent	Passé
voyant	vu
	ayant vu

GÉRONDIF

Présent	Passé
en voyant	en ayant vu

• Forme surcomposée : *j'ai eu vu* (→ Grammaire, § 92, 133).

• **Entrevoir, revoir, prévoir** se conjuguent sur ce modèle. **Prévoir** fait au futur et au conditionnel présent : *je prévoirai… je prévoirais…*

INDICATIF	
Présent	*Passé composé*
je pourvois	j'ai pourvu
tu pourvois	tu as pourvu
il pourvoit	il a pourvu
nous pourvoyons	nous avons pourvu
vous pourvoyez	vous avez pourvu
ils pourvoient	ils ont pourvu
Imparfait	*Plus-que-parfait*
je pourvoyais	j'avais pourvu
tu pourvoyais	tu avais pourvu
il pourvoyait	il avait pourvu
nous pourvoyions	nous avions pourvu
vous pourvoyiez	vous aviez pourvu
ils pourvoyaient	ils avaient pourvu
Passé simple	*Passé antérieur*
je pourvus	j'eus pourvu
tu pourvus	tu eus pourvu
il pourvut	il eut pourvu
nous pourvûmes	nous eûmes pourvu
vous pourvûtes	vous eûtes pourvu
ils pourvurent	ils eurent pourvu
Futur simple	*Futur antérieur*
je pourvoirai	j'aurai pourvu
tu pourvoiras	tu auras pourvu
il pourvoira	il aura pourvu
nous pourvoirons	nous aurons pourvu
vous pourvoirez	vous aurez pourvu
ils pourvoiront	ils auront pourvu

CONDITIONNEL	
Présent	*Passé*
je pourvoirais	j'aurais pourvu
tu pourvoirais	tu aurais pourvu
il pourvoirait	il aurait pourvu
nous pourvoirions	nous aurions pourvu
vous pourvoiriez	vous auriez pourvu
ils pourvoiraient	ils auraient pourvu
	Passé 2e forme
	mêmes formes que le plus-que-parfait du subjonctif.

SUBJONCTIF

Présent	Passé
que je pourvoie	que j'aie pourvu
que tu pourvoies	que tu aies pourvu
qu'il pourvoie	qu'il ait pourvu
que nous pourvoyions	que nous ayons pourvu
que vous pourvoyiez	que vous ayez pourvu
qu'ils pourvoient	qu'ils aient pourvu

Imparfait	Plus-que-parfait
que je pourvusse	que j'eusse pourvu
que tu pourvusses	que tu eusses pourvu
qu'il pourvût	qu'il eût pourvu
que nous pourvussions	que nous eussions pourvu
que vous pourvussiez	que vous eussiez pourvu
qu'ils pourvussent	qu'ils eussent pourvu

IMPÉRATIF

Présent	Passé
pourvois	aie pourvu
pourvoyons	ayons pourvu
pourvoyez	ayez pourvu

INFINITIF

Présent	Passé
pourvoir	avoir pourvu

PARTICIPE

Présent	Passé
pourvoyant	pourvu
	ayant pourvu

GÉRONDIF

Présent	Passé
en pourvoyant	en ayant pourvu

• Forme surcomposée : *j'ai eu pourvu* (→ Grammaire, § 92, 133).

• **Pourvoir** se conjugue comme le verbe simple **voir** (tableau 41) sauf au futur et au conditionnel présent : *je pourvoirai, je pourvoirais* ; au passé simple et au subjonctif imparfait : *je pourvus, que je pourvusse*.

• **Dépourvoir** s'emploie rarement, et seulement au passé simple, à l'infinitif, au participe passé et aux temps composés . On l'utilise surtout avec une construction pronominale : *Je me suis dépourvu de tout.*

INDICATIF	
Présent	*Passé composé*
je sais	j'ai su
tu sais	tu as su
il sait	il a su
nous savons	nous avons su
vous savez	vous avez su
ils savent	ils ont su
Imparfait	*Plus-que-parfait*
je savais	j'avais su
tu savais	tu avais su
il savait	il avait su
nous savions	nous avions su
vous saviez	vous aviez su
ils savaient	ils avaient su
Passé simple	*Passé antérieur*
je sus	j'eus su
tu sus	tu eus su
il sut	il eut su
nous sûmes	nous eûmes su
vous sûtes	vous eûtes su
ils surent	ils eurent su
Futur simple	*Futur antérieur*
je saurai	j'aurai su
tu sauras	tu auras su
il saura	il aura su
nous saurons	nous aurons su
vous saurez	vous aurez su
ils sauront	ils auront su

CONDITIONNEL	
Présent	*Passé*
je saurais	j'aurais su
tu saurais	tu aurais su
il saurait	il aurait su
nous saurions	nous aurions su
vous sauriez	vous auriez su
ils sauraient	ils auraient su
	Passé 2ᵉ forme
	mêmes formes que le plus-que-parfait du subjonctif.

SUBJONCTIF

Présent	Passé
que je sache	que j'aie su
que tu saches	que tu aies su
qu'il sache	qu'il ait su
que nous sachions	que nous ayons su
que vous sachiez	que vous ayez su
qu'ils sachent	qu'ils aient su

Imparfait	Plus-que-parfait
que je susse	que j'eusse su
que tu susses	que tu eusses su
qu'il sût	qu'il eût su
que nous sussions	que nous eussions su
que vous sussiez	que vous eussiez su
qu'ils sussent	qu'ils eussent su

IMPÉRATIF

Présent	Passé
sache	aie su
sachons	ayons su
sachez	ayez su

INFINITIF

Présent	Passé
savoir	avoir su

PARTICIPE

Présent	Passé
sachant	su
	ayant su

GÉRONDIF

Présent	Passé
en sachant	en ayant su

• Forme surcomposée : *j'ai eu su* (→ Grammaire, § 92, 133).

• À noter l'emploi archaïsant du subjonctif dans les expressions : **Je ne sache pas** *qu'il soit venu* ; *il n'est pas venu*, **que je sache**.

INDICATIF	
Présent	*Passé composé*
je dois	j'ai dû
tu dois	tu as dû
il doit	il a dû
nous devons	nous avons dû
vous devez	vous avez dû
ils doivent	ils ont dû
Imparfait	*Plus-que-parfait*
je devais	j'avais dû
tu devais	tu avais dû
il devait	il avait dû
nous devions	nous avions dû
vous deviez	vous aviez dû
ils devaient	ils avaient dû
Passé simple	*Passé antérieur*
je dus	j'eus dû
tu dus	tu eus dû
il dut	il eut dû
nous dûmes	nous eûmes dû
vous dûtes	vous eûtes dû
ils durent	ils eurent dû
Futur simple	*Futur antérieur*
je devrai	j'aurai dû
tu devras	tu auras dû
il devra	il aura dû
nous devrons	nous aurons dû
vous devrez	vous aurez dû
ils devront	ils auront dû

CONDITIONNEL	
Présent	*Passé*
je devrais	j'aurais dû
tu devrais	tu aurais dû
il devrait	il aurait dû
nous devrions	nous aurions dû
vous devriez	vous auriez dû
ils devraient	ils auraient dû
	Passé 2e forme
	mêmes formes que le plus-que-parfait du subjonctif.

SUBJONCTIF

Présent	Passé
que je doive	que j'aie dû
que tu doives	que tu aies dû
qu'il doive	qu'il ait dû
que nous devions	que nous ayons dû
que vous deviez	que vous ayez dû
qu'ils doivent	qu'ils aient dû

Imparfait	*Plus-que-parfait*
que je dusse	que j'eusse dû
que tu dusses	que tu eusses dû
qu'il dût	qu'il eût dû
que nous dussions	que nous eussions dû
que vous dussiez	que vous eussiez dû
qu'ils dussent	qu'ils eussent dû

IMPÉRATIF

Présent	Passé
dois	aie dû
devons	ayons dû
devez	ayez dû

INFINITIF

Présent	Passé
devoir	avoir dû

PARTICIPE

Présent	Passé
devant	dû
	ayant dû

GÉRONDIF

Présent	Passé
en devant	en ayant dû

• Forme surcomposée : *j'ai eu dû* (→ Grammaire, § 92, 133).

• **Redevoir** se conjugue sur ce modèle.

• **Devoir** et **redevoir** prennent un accent circonflexe au participe passé *masculin singulier* seulement : *dû, redû*. Mais on écrit sans accent : *due, dus, dues ; redue, redus, redues*. L'impératif est peu employé.

INDICATIF

Présent	Passé composé
je peux / puis	j'ai pu
tu peux	tu as pu
il peut	il a pu
nous pouvons	nous avons pu
vous pouvez	vous avez pu
ils peuvent	ils ont pu

Imparfait	Plus-que-parfait
je pouvais	j'avais pu
tu pouvais	tu avais pu
il pouvait	il avait pu
nous pouvions	nous avions pu
vous pouviez	vous aviez pu
ils pouvaient	ils avaient pu

Passé simple	Passé antérieur
je pus	j'eus pu
tu pus	tu eus pu
il put	il eut pu
nous pûmes	nous eûmes pu
vous pûtes	vous eûtes pu
ils purent	ils eurent pu

Futur simple	Futur antérieur
je pourrai	j'aurai pu
tu pourras	tu auras pu
il pourra	il aura pu
nous pourrons	nous aurons pu
vous pourrez	vous aurez pu
ils pourront	ils auront pu

CONDITIONNEL

Présent	Passé
je pourrais	j'aurais pu
tu pourrais	tu aurais pu
il pourrait	il aurait pu
nous pourrions	nous aurions pu
vous pourriez	vous auriez pu
ils pourraient	ils auraient pu

Passé 2e forme

mêmes formes que le plus-que-parfait
du subjonctif.

SUBJONCTIF

Présent	Passé
que je puisse	que j'aie pu
que tu puisses	que tu aies pu
qu'il puisse	qu'il ait pu
que nous puissions	que nous ayons pu
que vous puissiez	que vous ayez pu
qu'ils puissent	qu'ils aient pu

Imparfait	Plus-que-parfait
que je pusse	que j'eusse pu
que tu pusses	que tu eusses pu
qu'il pût	qu'il eût pu
que nous pussions	que nous eussions pu
que vous pussiez	que vous eussiez pu
qu'ils pussent	qu'ils eussent pu

IMPÉRATIF

Présent	Passé

INFINITIF

Présent	Passé
pouvoir	avoir pu

PARTICIPE

Présent	Passé
pouvant	pu
	ayant pu

GÉRONDIF

Présent	Passé
en pouvant	en ayant pu

• Forme surcomposée : *j'ai eu pu* (→ Grammaire, § 92, 133).

• Le verbe **pouvoir** prend deux **r** au futur et au présent du conditionnel, mais, à la différence de **mourir** et **courir**, on n'en prononce qu'un. *Je puis* semble d'un emploi plus distingué que *je peux*.
On ne dit pas : *peux-je ?* mais *puis-je ? Il se peut que* se dit pour *il peut se faire que* au sens de *il peut arriver que, il est possible que*, et cette formule se construit alors normalement avec le subjonctif.

INDICATIF

Présent	Passé composé
je meus	j'ai mû
tu meus	tu as mû
il meut	il a mû
nous mouvons	nous avons mû
vous mouvez	vous avez mû
ils meuvent	ils ont mû

Imparfait	Plus-que-parfait
je mouvais	j'avais mû
tu mouvais	tu avais mû
il mouvait	il avait mû
nous mouvions	nous avions mû
vous mouviez	vous aviez mû
ils mouvaient	ils avaient mû

Passé simple	Passé antérieur
je mus	j'eus mû
tu mus	tu eus mû
il mut	il eut mû
nous mûmes	nous eûmes mû
vous mûtes	vous eûtes mû
ils murent	ils eurent mû

Futur simple	Futur antérieur
je mouvrai	j'aurai mû
tu mouvras	tu auras mû
il mouvra	il aura mû
nous mouvrons	nous aurons mû
vous mouvrez	vous aurez mû
ils mouvront	ils auront mû

CONDITIONNEL

Présent	Passé
je mouvrais	j'aurais mû
tu mouvrais	tu aurais mû
il mouvrait	il aurait mû
nous mouvrions	nous aurions mû
vous mouvriez	vous auriez mû
ils mouvraient	ils auraient mû

Passé 2e forme

mêmes formes que le plus-que-parfait
du subjonctif.

SUBJONCTIF

Présent	Passé
que je meuve	que j'aie mû
que tu meuves	que tu aies mû
qu'il meuve	qu'il ait mû
que nous mouvions	que nous ayons mû
que vous mouviez	que vous ayez mû
qu'ils meuvent	qu'ils aient mû

Imparfait	Plus-que-parfait
que je musse	que j'eusse mû
que tu musses	que tu eusses mû
qu'il mût	qu'il eût mû
que nous mussions	que nous eussions mû
que vous mussiez	que vous eussiez mû
qu'ils mussent	qu'ils eussent mû

IMPÉRATIF

Présent	Passé
meus	aie mû
mouvons	ayons mû
mouvez	ayez mû

INFINITIF

Présent	Passé
mouvoir	avoir mû

PARTICIPE

Présent	Passé
mouvant	mû
	ayant mû

GÉRONDIF

Présent	Passé
en mouvant	en ayant mû

• Forme surcomposée : *j'ai eu mû* (→ Grammaire, § 92, 133).

• Les rectifications orthographiques de 1990 acceptent *mu* (sans accent circonflexe).

• **Émouvoir** se conjugue sur **mouvoir**, mais son participe passé *ému* ne prend pas d'accent circonflexe.

• **Promouvoir** se conjugue comme **mouvoir**, mais son participe passé *promu* ne prend pas d'accent circonflexe au masculin singulier.

INDICATIF	
Présent	*Passé composé*
il pleut	il a plu
Imparfait	*Plus-que-parfait*
il pleuvait	il avait plu
Passé simple	*Passé antérieur*
il plut	il eut plu
Futur simple	*Futur antérieur*
il pleuvra	il aura plu

CONDITIONNEL	
Présent	*Passé*
il pleuvrait	il aurait plu
	Passé 2ᵉ forme
	mêmes formes que le plus-que-parfait du subjonctif.

SUBJONCTIF

Présent	Passé
qu'il pleuve	qu'il ait plu

Imparfait	Plus-que-parfait
qu'il plût	qu'il eût plu

IMPÉRATIF

Présent	Passé

INFINITIF

Présent	Passé
pleuvoir	avoir plu

PARTICIPE

Présent	Passé
pleuvant	plu
	ayant plu

GÉRONDIF

Présent	Passé

• Forme surcomposée : *il a eu plu* (→ Grammaire, § 92, 133).

• Quoique impersonnel, ce verbe s'emploie au pluriel, mais dans le sens figuré : *Les coups de fusil* **pleuvent**, *les sarcasmes* **pleuvent** *sur lui, les honneurs* **pleuvaient** *sur sa personne.* De même, son participe présent ne s'emploie qu'au sens figuré : *les coups* **pleuvant** *sur lui…*

INDICATIF	
Présent	*Passé composé*
il faut	il a fallu
Imparfait	*Plus-que-parfait*
il fallait	il avait fallu
Passé simple	*Passé antérieur*
il fallut	il eut fallu
Futur simple	*Futur antérieur*
il faudra	il aura fallu

CONDITIONNEL	
Présent	*Passé*
il faudrait	il aurait fallu
	Passé 2e forme
	mêmes formes que le plus-que-parfait du subjonctif.

SUBJONCTIF

Présent	Passé
qu'il faille	qu'il ait fallu

Imparfait	Plus-que-parfait
qu'il fallût	qu'il eût fallu

IMPÉRATIF

Présent	Passé

INFINITIF

Présent	Passé
falloir	

PARTICIPE

Présent	Passé
	fallu
	ayant fallu

GÉRONDIF

Présent	Passé

Dans les expressions : *il s'en faut de beaucoup, tant s'en faut, peu s'en faut*, historiquement la forme **faut** vient non de **falloir**, mais de **faillir**, au sens de *manquer, faire défaut* (→ tableau 31).

INDICATIF	
Présent	*Passé composé*
je vaux	j'ai valu
tu vaux	tu as valu
il vaut	il a valu
nous valons	nous avons valu
vous valez	vous avez valu
ils valent	ils ont valu
Imparfait	*Plus-que-parfait*
je valais	j'avais valu
tu valais	tu avais valu
il valait	il avait valu
nous valions	nous avions valu
vous valiez	vous aviez valu
ils valaient	ils avaient valu
Passé simple	*Passé antérieur*
je valus	j'eus valu
tu valus	tu eus valu
il valut	il eut valu
nous valûmes	nous eûmes valu
vous valûtes	vous eûtes valu
ils valurent	ils eurent valu
Futur simple	*Futur antérieur*
je vaudrai	j'aurai valu
tu vaudras	tu auras valu
il vaudra	il aura valu
nous vaudrons	nous aurons valu
vous vaudrez	vous aurez valu
ils vaudront	ils auront valu

CONDITIONNEL	
Présent	*Passé*
je vaudrais	j'aurais valu
tu vaudrais	tu aurais valu
il vaudrait	il aurait valu
nous vaudrions	nous aurions valu
vous vaudriez	vous auriez valu
ils vaudraient	ils auraient valu
	Passé 2e forme
	mêmes formes que le plus-que-parfait du subjonctif.

SUBJONCTIF

Présent	Passé
que je vaille	que j'aie valu
que tu vailles	que tu aies valu
qu'il vaille	qu'il ait valu
que nous valions	que nous ayons valu
que vous valiez	que vous ayez valu
qu'ils vaillent	qu'ils aient valu

Imparfait	Plus-que-parfait
que je valusse	que j'eusse valu
que tu valusses	que tu eusses valu
qu'il valût	qu'il eût valu
que nous valussions	que nous eussions valu
que vous valussiez	que vous eussiez valu
qu'ils valussent	qu'ils eussent valu

IMPÉRATIF

Présent	Passé
vaux	aie valu
valons	ayons valu
valez	ayez valu

INFINITIF

Présent	Passé
valoir	avoir valu

PARTICIPE

Présent	Passé
valant	valu
	ayant valu

GÉRONDIF

Présent	Passé
en valant	en ayant valu

• Forme surcomposée : *j'ai eu valu* (→ Grammaire, § 92, 133).

• Se conjuguent sur ce modèle **équivaloir**, **prévaloir**, **revaloir**, mais au subjonctif présent, **prévaloir** fait : *que je prévale... que nous prévalions... Il ne faut pas que la coutume prévale sur la raison* (Ac.). À la forme pronominale, le participe passé s'accorde : *Elle s'est prévalue de ses droits.*

INDICATIF

Présent	Passé composé
je veux	j'ai voulu
tu veux	tu as voulu
il veut	il a voulu
nous voulons	nous avons voulu
vous voulez	vous avez voulu
ils veulent	ils ont voulu

Imparfait	Plus-que-parfait
je voulais	j'avais voulu
tu voulais	tu avais voulu
il voulait	il avait voulu
nous voulions	nous avions voulu
vous vouliez	vous aviez voulu
ils voulaient	ils avaient voulu

Passé simple	Passé antérieur
je voulus	j'eus voulu
tu voulus	tu eus voulu
il voulut	il eut voulu
nous voulûmes	nous eûmes voulu
vous voulûtes	vous eûtes voulu
ils voulurent	ils eurent voulu

Futur simple	Futur antérieur
je voudrai	j'aurai voulu
tu voudras	tu auras voulu
il voudra	il aura voulu
nous voudrons	nous aurons voulu
vous voudrez	vous aurez voulu
ils voudront	ils auront voulu

CONDITIONNEL

Présent	Passé
je voudrais	j'aurais voulu
tu voudrais	tu aurais voulu
il voudrait	il aurait voulu
nous voudrions	nous aurions voulu
vous voudriez	vous auriez voulu
ils voudraient	ils auraient voulu

Passé 2e forme

mêmes formes que le plus-que-parfait
du subjonctif.

SUBJONCTIF

Présent	*Passé*
que je veuille	que j'aie voulu
que tu veuilles	que tu aies voulu
qu'il veuille	qu'il ait voulu
que nous voulions	que nous ayons voulu
que vous vouliez	que vous ayez voulu
qu'ils veuillent	qu'ils aient voulu

Imparfait	*Plus-que-parfait*
que je voulusse	que j'eusse voulu
que tu voulusses	que tu eusses voulu
qu'il voulût	qu'il eût voulu
que nous voulussions	que nous eussions voulu
que vous voulussiez	que vous eussiez voulu
qu'ils voulussent	qu'ils eussent voulu

IMPÉRATIF

Présent	*Passé*
veux / veuille	aie voulu
voulons	ayons voulu
voulez / veuillez	ayez voulu

INFINITIF

Présent	*Passé*
vouloir	avoir voulu

PARTICIPE

Présent	*Passé*
voulant	voulu
	ayant voulu

GÉRONDIF

Présent	*Passé*
en voulant	en ayant voulu

• Forme surcomposée : *j'ai eu voulu* (→ Grammaire, § 92, 133).

INDICATIF

Présent

j'assieds / assois
tu assieds / assois
il assied / assoit
nous asseyons / assoyons
vous asseyez / assoyez
ils asseyent / assoient

Passé composé

j'ai assis
tu as assis
il a assis
nous avons assis
vous avez assis
ils ont assis

Imparfait

j'asseyais / assoyais
tu asseyais / assoyais
il asseyait / assoyait
nous asseyions / assoyions
vous asseyiez / assoyiez
ils asseyaient / assoyaient

Plus-que-parfait

j'avais assis
tu avais assis
il avait assis
nous avions assis
vous aviez assis
ils avaient assis

Passé simple

j'assis
tu assis
il assit
nous assîmes
vous assîtes
ils assirent

Passé antérieur

j'eus assis
tu eus assis
il eut assis
nous eûmes assis
vous eûtes assis
ils eurent assis

Futur simple

j'assiérai / assoirai
tu assiéras / assoiras
il assiéra / assoira
nous assiérons / assoirons
vous assiérez / assoirez
ils assiéront / assoiront

Futur antérieur

j'aurai assis
tu auras assis
il aura assis
nous aurons assis
vous aurez assis
ils auront assis

CONDITIONNEL

Présent

j'assiérais / assoirais
tu assiérais / assoirais
il assiérait / assoirait
nous assiérions / assoirions
vous assiériez / assoiriez
ils assiéraient / assoiraient

Passé

j'aurais assis
tu aurais assis
il aurait assis
nous aurions assis
vous auriez assis
ils auraient assis

Passé 2e forme

mêmes formes que le plus-que-parfait
du subjonctif.

SUBJONCTIF

Présent	Passé
que j'asseye / assoie	que j'aie assis
que tu asseyes / assoies	que tu aies assis
qu'il asseye / assoie	qu'il ait assis
que nous asseyions / assoyions	que nous ayons assis
que vous asseyiez / assoyiez	que vous ayez assis
qu'ils asseyent / assoient	qu'ils aient assis

Imparfait	Plus-que-parfait
que j'assisse	que j'eusse assis
que tu assisses	que tu eusses assis
qu'il assît	qu'il eût assis
que nous assissions	que nous eussions assis
que vous assissiez	que vous eussiez assis
qu'ils assissent	qu'ils eussent assis

IMPÉRATIF

Présent	Passé
assieds / assois	aie assis
asseyons / assoyons	ayons assis
asseyez / assoyez	ayez assis

INFINITIF

Présent	Passé
asseoir	avoir assis

PARTICIPE

Présent	Passé
asseyant / assoyant	assis
	ayant assis

GÉRONDIF

Présent	Passé
en asseyant / assoyant	en ayant assis

- Forme surcomposée : *j'ai eu assis* (→ Grammaire, § 92, 133).
- Ce verbe se conjugue surtout à la forme pronominale : s'**asseoir**.
- Les formes en **ie** et en **ey** sont préférables aux formes en **oi**.
- Depuis les rectifications orthographiques proposées par l'Académie française en 1990, il serait possible d'écrire *assoir* (sans **e**) au lieu d'*asseoir*.

INDICATIF	
Présent	*Passé composé*

il sied

ils siéent

Imparfait	*Plus-que-parfait*

il seyait

ils seyaient

Passé	*Passé antérieur*

Futur simple	*Futur antérieur*

il siéra

ils siéront

CONDITIONNEL	
Présent	*Passé*

il siérait

ils siéraient

SUBJONCTIF

Présent	Passé
qu'il siée	
qu'ils siéent	

Imparfait	Plus-que-parfait

IMPÉRATIF

Présent	Passé

INFINITIF

Présent	Passé
seoir	

PARTICIPE

Présent	Passé
séant (seyant)	sis

GÉRONDIF

Présent	Passé
en séant (en seyant)	

• Ce verbe n'a pas de temps composés.

• Le verbe **seoir**, dans le sens d'*être assis, prendre séance*, n'existe guère qu'aux formes suivantes :
– Participe présent : *séant* (employé parfois comme nom : *sur son séant*).
– Participe passé : *sis, sise*, qui ne s'emploie plus guère qu'adjectivement en style juridique au lieu de *situé, située : hôtel sis à Paris*. On trouve parfois les formes d'impératif pronominal : *sieds-toi, seyez-vous*.

INDICATIF

Présent	Passé composé

il messied

ils messiéent

Imparfait	Plus-que-parfait

il messeyait

ils messeyaient

Passé	Passé antérieur

Futur simple	Futur antérieur

il messiéra

ils messiéront

CONDITIONNEL

Présent	Passé

il messiérait

ils messiéraient

SUBJONCTIF

Présent	Passé
qu'il messiée	
qu'ils messiéent	
Imparfait	*Plus-que-parfait*

IMPÉRATIF

Présent	Passé

INFINITIF

Présent	Passé
messeoir	

PARTICIPE

Présent	Passé
messéant	

GÉRONDIF

Présent	Passé

• Ce verbe n'a pas de temps composés.

INDICATIF

Présent	Passé composé
je sursois	j'ai sursis
tu sursois	tu as sursis
il sursoit	il a sursis
nous sursoyons	nous avons sursis
vous sursoyez	vous avez sursis
ils sursoient	ils ont sursis

Imparfait	Plus-que-parfait
je sursoyais	j'avais sursis
tu sursoyais	tu avais sursis
il sursoyait	il avait sursis
nous sursoyions	nous avions sursis
vous sursoyiez	vous aviez sursis
ils sursoyaient	ils avaient sursis

Passé simple	Passé antérieur
je sursis	j'eus sursis
tu sursis	tu eus sursis
il sursit	il eut sursis
nous sursîmes	nous eûmes sursis
vous sursîtes	vous eûtes sursis
ils sursirent	ils eurent sursis

Futur simple	Futur antérieur
je surseoirai	j'aurai sursis
tu surseoiras	tu auras sursis
il surseoira	il aura sursis
nous surseoirons	nous aurons sursis
vous surseoirez	vous aurez sursis
ils surseoiront	ils auront sursis

CONDITIONNEL

Présent	Passé
je surseoirais	j'aurais sursis
tu surseoirais	tu aurais sursis
il surseoirait	il aurait sursis
nous surseoirions	nous aurions sursis
vous surseoiriez	vous auriez sursis
ils surseoiraient	ils auraient sursis

Passé 2e forme

mêmes formes que le plus-que-parfait du subjonctif.

SUBJONCTIF

Présent	Passé
que je sursoie	que j'aie sursis
que tu sursoies	que tu aies sursis
qu'il sursoie	qu'il ait sursis
que nous sursoyions	que nous ayons sursis
que vous sursoyiez	que vous ayez sursis
qu'ils sursoient	qu'ils aient sursis

Imparfait	Plus-que-parfait
que je sursisse	que j'eusse sursis
que tu sursisses	que tu eusses sursis
qu'il sursît	qu'il eût sursis
que nous sursissions	que nous eussions sursis
que vous sursissiez	que vous eussiez sursis
qu'ils sursissent	qu'ils eussent sursis

IMPÉRATIF

Présent	Passé
sursois	aie sursis
sursoyons	ayons sursis
sursoyez	ayez sursis

INFINITIF

Présent	Passé
surseoir	avoir sursis

PARTICIPE

Présent	Passé
sursoyant	sursis
	ayant sursis

GÉRONDIF

Présent	Passé
en sursoyant	en ayant sursis

• Forme surcomposée : *j'ai eu sursis* (→ Grammaire, § 92, 133).

• **Surseoir** a généralisé les formes en **oi** du verbe **asseoir**, avec cette particularité que l'**e** de l'infinitif se retrouve au futur et au conditionnel : *je surseoirai…, je surseoirais…*

INDICATIF

Présent	Passé composé
je *chois*	j'ai chu
tu *chois*	tu as chu
il choit	il a chu
nous *choyons*	nous avons chu
vous *choyez*	vous avez chu
ils choient	ils ont chu

Imparfait	Plus-que-parfait
	j'avais chu
	tu avais chu
	il avait chu
	nous avions chu
	vous aviez chu
	ils avaient chu

Passé simple	Passé antérieur
je *chus*	j'eus chu
tu *chus*	tu eus chu
il chut	il eut chu
nous *chûmes*	nous eûmes chu
vous *chûtes*	vous eûtes chu
ils churent	ils eurent chu

Futur simple	Futur antérieur
je *choirai* / *cherrai*	j'aurai chu
tu *choiras* / *cherras*	tu auras chu
il *choira* / *cherra*	il aura chu
nous *choirons* / *cherrons*	nous aurons chu
vous *choirez* / *cherrez*	vous aurez chu
ils *choiront* / *cherront*	ils auront chu

CONDITIONNEL

Présent	Passé
je *choirais* / *cherrais*	j'aurais chu
tu *choirais* / *cherrais*	tu aurais chu
il *choirait* / *cherrait*	il aurait chu
nous *choirions* / *cherrions*	nous aurions chu
vous *choiriez* / *cherriez*	vous auriez chu
ils *choiraient* / *cherraient*	ils auraient chu

Passé 2e forme

mêmes formes que le plus-que-parfait
du subjonctif.

SUBJONCTIF

Présent	Passé
	que j'*aie chu*
	que tu *aies chu*
	qu'il *ait chu*
	que nous *ayons chu*
	que vous *ayez chu*
	qu'ils *aient chu*

Imparfait	Plus-que-parfait
	que j'*eusse chu*
	que tu *eusses chu*
qu'il chût	qu'il *eût chu*
	que nous *eussions chu*
	que vous *eussiez chu*
	qu'ils *eussent chu*

IMPÉRATIF

Présent	Passé
	aie chu
	ayons chu
	ayez chu

INFINITIF

Présent	Passé
choir	avoir chu

PARTICIPE

Présent	Passé
	chu
	ayant chu

GÉRONDIF

Présent	Passé
	en ayant chu

• Forme surcomposée : *j'ai eu chu* (→ Grammaire, § 92, 133).

• Le verbe **choir** peut aussi se conjuguer avec l'auxiliaire **être**, bien que l'emploi de l'auxiliaire **avoir** soit aujourd'hui plus fréquent.

• Les formes en italique sont tout à fait désuètes.

INDICATIF	
Présent	*Passé composé*
il échoit / *échet*	il est échu
ils échoient / *échéent*	ils sont échus
Imparfait	*Plus-que-parfait*
il échoyait	il était échu
ils échoyaient	ils étaient échus
Passé simple	*Passé antérieur*
il échut	il fut échu
ils échurent	ils furent échus
Futur simple	*Futur antérieur*
il échoira / *écherra*	il sera échu
ils échoiront / *écherront*	ils seront échus
CONDITIONNEL	
Présent	*Passé*
il échoirait / *écherrait*	il serait échu
ils échoiraient / *écherraient*	ils seraient échus

SUBJONCTIF

Présent	*Passé*
qu'il échoie	qu'il soit échu
	qu'ils soient échus

Imparfait	*Plus-que-parfait*
qu'il échût	qu'il fût échu
	qu'ils fussent échus

IMPÉRATIF

Présent	*Passé*

INFINITIF

Présent	*Passé*
échoir	être échu

PARTICIPE

Présent	*Passé*
échéant	échu
	étant échu

GÉRONDIF

Présent	*Passé*
en échéant	en étant échu

• **Échoir** est parfois employé avec l'auxiliaire **avoir**, souvent par archaïsme.
• Les formes en italique sont tout à fait désuètes.

INDICATIF

Présent	Passé composé
je déchois	j'ai déchu
tu déchois	tu as déchu
il déchoit / *déchet*	il a déchu
nous déchoyons	nous avons déchu
vous déchoyez	vous avez déchu
ils déchoient	ils ont déchu

Imparfait	Plus-que-parfait
	j'avais déchu
	tu avais déchu
	il avait déchu
	nous avions déchu
	vous aviez déchu
	ils avaient déchu

Passé simple	Passé antérieur
je déchus	j'eus déchu
tu déchus	tu eus déchu
il déchut	il eut déchu
nous déchûmes	nous eûmes déchu
vous déchûtes	vous eûtes déchu
ils déchurent	ils eurent déchu

Futur simple	Futur antérieur
je déchoirai / *décherrai*	j'aurai déchu
tu déchoiras / *décherras*	tu auras déchu
il déchoira / *décherra*	il aura déchu
nous déchoirons / *décherrons*	nous aurons déchu
vous déchoirez / *décherrez*	vous aurez déchu
ils déchoiront / *décherront*	ils auront déchu

CONDITIONNEL

Présent	Passé
je déchoirais / *décherrais*	j'aurais déchu
tu déchoirais / *décherrais*	tu aurais déchu
il déchoirait / *décherrait*	il aurait déchu
nous déchoirions / *décherrions*	nous aurions déchu
vous déchoiriez / *décherriez*	vous auriez déchu
ils déchoiraient / *décherraient*	ils auraient déchu

Passé 2ᵉ forme

mêmes formes que le plus-que-parfait du subjonctif.

SUBJONCTIF

Présent	*Passé*
que je déchoie	que j'aie déchu
que tu déchoies	que tu aies déchu
qu'il déchoie	qu'il ait déchu
que nous déchoyions	que nous ayons déchu
que vous déchoyiez	que vous ayez déchu
qu'ils déchoient	qu'ils aient déchu

Imparfait	*Plus-que-parfait*
que je déchusse	que j'eusse déchu
que tu déchusses	que tu eusses déchu
qu'il déchût	qu'il eût déchu
que nous déchussions	que nous eussions déchu
que vous déchussiez	que vous eussiez déchu
qu'ils déchussent	qu'ils eussent déchu

IMPÉRATIF

Présent	*Passé*

INFINITIF

Présent	*Passé*
déchoir	avoir déchu

PARTICIPE

Présent	*Passé*
	déchu
	ayant déchu

GÉRONDIF

Présent	*Passé*
	en ayant déchu

• Forme surcomposée : *j'ai eu déchu* (→ Grammaire, § 92, 133).

• **Déchoir** utilise tantôt **être**, tantôt **avoir**, selon que l'on veut insister sur l'action ou sur son résultat : *Il* a *déchu rapidement. Il* est *définitivement déchu.*

• Les formes en italique sont tout à fait désuètes.

INDICATIF

Présent	*Passé composé*
je rends	j'ai rendu
tu rends	tu as rendu
il rend	il a rendu
nous rendons	nous avons rendu
vous rendez	vous avez rendu
ils rendent	ils ont rendu

Imparfait	*Plus-que-parfait*
je rendais	j'avais rendu
tu rendais	tu avais rendu
il rendait	il avait rendu
nous rendions	nous avions rendu
vous rendiez	vous aviez rendu
ils rendaient	ils avaient rendu

Passé simple	*Passé antérieur*
je rendis	j'eus rendu
tu rendis	tu eus rendu
il rendit	il eut rendu
nous rendîmes	nous eûmes rendu
vous rendîtes	vous eûtes rendu
ils rendirent	ils eurent rendu

Futur simple	*Futur antérieur*
je rendrai	j'aurai rendu
tu rendras	tu auras rendu
il rendra	il aura rendu
nous rendrons	nous aurons rendu
vous rendrez	vous aurez rendu
ils rendront	ils auront rendu

CONDITIONNEL

Présent	*Passé*
je rendrais	j'aurais rendu
tu rendrais	tu aurais rendu
il rendrait	il aurait rendu
nous rendrions	nous aurions rendu
vous rendriez	vous auriez rendu
ils rendraient	ils auraient rendu

Passé 2ᵉ forme

mêmes formes que le plus-que-parfait
du subjonctif.

SUBJONCTIF

Présent	*Passé*
que je rende	que j'aie rendu
que tu rendes	que tu aies rendu
qu'il rende	qu'il ait rendu
que nous rendions	que nous ayons rendu
que vous rendiez	que vous ayez rendu
qu'ils rendent	qu'ils aient rendu

Imparfait	*Plus-que-parfait*
que je rendisse	que j'eusse rendu
que tu rendisses	que tu eusses rendu
qu'il rendît	qu'il eût rendu
que nous rendissions	que nous eussions rendu
que vous rendissiez	que vous eussiez rendu
qu'ils rendissent	qu'ils eussent rendu

IMPÉRATIF

Présent	*Passé*
rends	aie rendu
rendons	ayons rendu
rendez	ayez rendu

INFINITIF

Présent	*Passé*
rendre	avoir rendu

PARTICIPE

Présent	*Passé*
rendant	rendu
	ayant rendu

GÉRONDIF

Présent	*Passé*
en rendant	en ayant rendu

• Forme surcomposée : *j'ai eu rendu* (→ Grammaire, § 92, 133).

• Voir tableau 22 la liste des nombreux verbes en **-dre** qui se conjuguent comme **rendre** (sauf **prendre** et ses composés → tableau 59). Ainsi se conjuguent en outre les verbes **rompre**, **corrompre** et **interrompre**, dont la seule particularité est de prendre un **t** à la suite du **p** à la 3e personne du singulier de l'indicatif présent : *il rompt*.

INDICATIF	
Présent	*Passé composé*
je prends	j'ai pris
tu prends	tu as pris
il prend	il a pris
nous prenons	nous avons pris
vous prenez	vous avez pris
ils prennent	ils ont pris
Imparfait	*Plus-que-parfait*
je prenais	j'avais pris
tu prenais	tu avais pris
il prenait	il avait pris
nous prenions	nous avions pris
vous preniez	vous aviez pris
ils prenaient	ils avaient pris
Passé simple	*Passé antérieur*
je pris	j'eus pris
tu pris	tu eus pris
il prit	il eut pris
nous prîmes	nous eûmes pris
vous prîtes	vous eûtes pris
ils prirent	ils eurent pris
Futur simple	*Futur antérieur*
je prendrai	j'aurai pris
tu prendras	tu auras pris
il prendra	il aura pris
nous prendrons	nous aurons pris
vous prendrez	vous aurez pris
ils prendront	ils auront pris

CONDITIONNEL	
Présent	*Passé*
je prendrais	j'aurais pris
tu prendrais	tu aurais pris
il prendrait	il aurait pris
nous prendrions	nous aurions pris
vous prendriez	vous auriez pris
ils prendraient	ils auraient pris
	Passé 2ᵉ forme
	mêmes formes que le plus-que-parfait du subjonctif.

SUBJONCTIF

Présent	Passé
que je prenne	que j'aie pris
que tu prennes	que tu aies pris
qu'il prenne	qu'il ait pris
que nous prenions	que nous ayons pris
que vous preniez	que vous ayez pris
qu'ils prennent	qu'ils aient pris

Imparfait	Plus-que-parfait
que je prisse	que j'eusse pris
que tu prisses	que tu eusses pris
qu'il prît	qu'il eût pris
que nous prissions	que nous eussions pris
que vous prissiez	que vous eussiez pris
qu'ils prissent	qu'ils eussent pris

IMPÉRATIF

Présent	Passé
prends	aie pris
prenons	ayons pris
prenez	ayez pris

INFINITIF

Présent	Passé
prendre	avoir pris

PARTICIPE

Présent	Passé
prenant	pris
	ayant pris

GÉRONDIF

Présent	Passé
en prenant	en ayant pris

• Forme surcomposée : *j'ai eu pris* (→ Grammaire, § 92, 133).

• Les composés de **prendre** (→ tableau 22) se conjuguent sur ce modèle.

INDICATIF	
Présent	*Passé composé*
je bats	j'ai battu
tu bats	tu as battu
il bat	il a battu
nous battons	nous avons battu
vous battez	vous avez battu
ils battent	ils ont battu
Imparfait	*Plus-que-parfait*
je battais	j'avais battu
tu battais	tu avais battu
il battait	il avait battu
nous battions	nous avions battu
vous battiez	vous aviez battu
ils battaient	ils avaient battu
Passé simple	*Passé antérieur*
je battis	j'eus battu
tu battis	tu eus battu
il battit	il eut battu
nous battîmes	nous eûmes battu
vous battîtes	vous eûtes battu
ils battirent	ils eurent battu
Futur simple	*Futur antérieur*
je battrai	j'aurai battu
tu battras	tu auras battu
il battra	il aura battu
nous battrons	nous aurons battu
vous battrez	vous aurez battu
ils battront	ils auront battu

CONDITIONNEL	
Présent	*Passé*
je battrais	j'aurais battu
tu battrais	tu aurais battu
il battrait	il aurait battu
nous battrions	nous aurions battu
vous battriez	vous auriez battu
ils battraient	ils auraient battu
	Passé 2ᵉ forme
	mêmes formes que le plus-que-parfait du subjonctif.

SUBJONCTIF

Présent	Passé
que je batte	que j'aie battu
que tu battes	que tu aies battu
qu'il batte	qu'il ait battu
que nous battions	que nous ayons battu
que vous battiez	que vous ayez battu
qu'ils battent	qu'ils aient battu

Imparfait	*Plus-que-parfait*
que je battisse	que j'eusse battu
que tu battisses	que tu eusses battu
qu'il battît	qu'il eût battu
que nous battissions	que nous eussions battu
que vous battissiez	que vous eussiez battu
qu'ils battissent	qu'ils eussent battu

IMPÉRATIF

Présent	Passé
bats	aie battu
battons	ayons battu
battez	ayez battu

INFINITIF

Présent	Passé
battre	avoir battu

PARTICIPE

Présent	Passé
battant	battu
	ayant battu

GÉRONDIF

Présent	Passé
en battant	en ayant battu

• Forme surcomposée : *j'ai eu battu* (→ Grammaire, § 92, 133).

• Les composés de **battre** (→ tableau 22) se conjuguent sur ce modèle.

INDICATIF

Présent	Passé composé
je mets	j'ai mis
tu mets	tu as mis
il met	il a mis
nous mettons	nous avons mis
vous mettez	vous avez mis
ils mettent	ils ont mis

Imparfait	Plus-que-parfait
je mettais	j'avais mis
tu mettais	tu avais mis
il mettait	il avait mis
nous mettions	nous avions mis
vous mettiez	vous aviez mis
ils mettaient	ils avaient mis

Passé simple	Passé antérieur
je mis	j'eus mis
tu mis	tu eus mis
il mit	il eut mis
nous mîmes	nous eûmes mis
vous mîtes	vous eûtes mis
ils mirent	ils eurent mis

Futur simple	Futur antérieur
je mettrai	j'aurai mis
tu mettras	tu auras mis
il mettra	il aura mis
nous mettrons	nous aurons mis
vous mettrez	vous aurez mis
ils mettront	ils auront mis

CONDITIONNEL

Présent	Passé
je mettrais	j'aurais mis
tu mettrais	tu aurais mis
il mettrait	il aurait mis
nous mettrions	nous aurions mis
vous mettriez	vous auriez mis
ils mettraient	ils auraient mis

Passé 2ᵉ forme

mêmes formes que le plus-que-parfait du subjonctif.

SUBJONCTIF

Présent	*Passé*
que je mette	que j'aie mis
que tu mettes	que tu aies mis
qu'il mette	qu'il ait mis
que nous mettions	que nous ayons mis
que vous mettiez	que vous ayez mis
qu'ils mettent	qu'ils aient mis

Imparfait	*Plus-que-parfait*
que je misse	que j'eusse mis
que tu misses	que tu eusses mis
qu'il mît	qu'il eût mis
que nous missions	que nous eussions mis
que vous missiez	que vous eussiez mis
qu'ils missent	qu'ils eussent mis

IMPÉRATIF

Présent	*Passé*
mets	aie mis
mettons	ayons mis
mettez	ayez mis

INFINITIF

Présent	*Passé*
mettre	avoir mis

PARTICIPE

Présent	*Passé*
mettant	mis
	ayant mis

GÉRONDIF

Présent	*Passé*
en mettant	en ayant mis

• Forme surcomposée : *j'ai eu mis* (→ Grammaire, § 92, 133).

• Les composés de **mettre** (→ tableau 22) se conjuguent sur ce modèle.

INDICATIF

Présent	Passé composé
je peins	j'ai peint
tu peins	tu as peint
il peint	il a peint
nous peignons	nous avons peint
vous peignez	vous avez peint
ils peignent	ils ont peint

Imparfait	Plus-que-parfait
je peignais	j'avais peint
tu peignais	tu avais peint
il peignait	il avait peint
nous peignions	nous avions peint
vous peigniez	vous aviez peint
ils peignaient	ils avaient peint

Passé simple	Passé antérieur
je peignis	j'eus peint
tu peignis	tu eus peint
il peignit	il eut peint
nous peignîmes	nous eûmes peint
vous peignîtes	vous eûtes peint
ils peignirent	ils eurent peint

Futur simple	Futur antérieur
je peindrai	j'aurai peint
tu peindras	tu auras peint
il peindra	il aura peint
nous peindrons	nous aurons peint
vous peindrez	vous aurez peint
ils peindront	ils auront peint

CONDITIONNEL

Présent	Passé
je peindrais	j'aurais peint
tu peindrais	tu aurais peint
il peindrait	il aurait peint
nous peindrions	nous aurions peint
vous peindriez	vous auriez peint
ils peindraient	ils auraient peint

Passé 2e forme

mêmes formes que le plus-que-parfait
du subjonctif.

SUBJONCTIF

Présent	Passé
que je peigne	que j'aie peint
que tu peignes	que tu aies peint
qu'il peigne	qu'il ait peint
que nous peignions	que nous ayons peint
que vous peigniez	que vous ayez peint
qu'ils peignent	qu'ils aient peint

Imparfait	Plus-que-parfait
que je peignisse	que j'eusse peint
que tu peignisses	que tu eusses peint
qu'il peignît	qu'il eût peint
que nous peignissions	que nous eussions peint
que vous peignissiez	que vous eussiez peint
qu'ils peignissent	qu'ils eussent peint

IMPÉRATIF

Présent	Passé
peins	aie peint
peignons	ayons peint
peignez	ayez peint

INFINITIF

Présent	Passé
peindre	avoir peint

PARTICIPE

Présent	Passé
peignant	peint
	ayant peint

GÉRONDIF

Présent	Passé
en peignant	en ayant peint

• Forme surcomposée : *j'ai eu peint* (→ Grammaire, § 92, 133).

• **Astreindre, atteindre, ceindre, feindre, enfreindre, empreindre, geindre, teindre** et leurs composés (→ tableau 22) se conjuguent sur ce modèle.

INDICATIF

Présent	Passé composé
je joins	j'ai joint
tu joins	tu as joint
il joint	il a joint
nous joignons	nous avons joint
vous joignez	vous avez joint
ils joignent	ils ont joint

Imparfait	Plus-que-parfait
je joignais	j'avais joint
tu joignais	tu avais joint
il joignait	il avait joint
nous joignions	nous avions joint
vous joigniez	vous aviez joint
ils joignaient	ils avaient joint

Passé simple	Passé antérieur
je joignis	j'eus joint
tu joignis	tu eus joint
il joignit	il eut joint
nous joignîmes	nous eûmes joint
vous joignîtes	vous eûtes joint
ils joignirent	ils eurent joint

Futur simple	Futur antérieur
je joindrai	j'aurai joint
tu joindras	tu auras joint
il joindra	il aura joint
nous joindrons	nous aurons joint
vous joindrez	vous aurez joint
ils joindront	ils auront joint

CONDITIONNEL

Présent	Passé
je joindrais	j'aurais joint
tu joindrais	tu aurais joint
il joindrait	il aurait joint
nous joindrions	nous aurions joint
vous joindriez	vous auriez joint
ils joindraient	ils auraient joint

Passé 2e forme

mêmes formes que le plus-que-parfait
du subjonctif.

SUBJONCTIF

Présent	*Passé*
que je joigne	que j'aie joint
que tu joignes	que tu aies joint
qu'il joigne	qu'il ait joint
que nous joignions	que nous ayons joint
que vous joigniez	que vous ayez joint
qu'ils joignent	qu'ils aient joint

Imparfait	*Plus-que-parfait*
que je joignisse	que j'eusse joint
que tu joignisses	que tu eusses joint
qu'il joignît	qu'il eût joint
que nous joignissions	que nous eussions joint
que vous joignissiez	que vous eussiez joint
qu'ils joignissent	qu'ils eussent joint

IMPÉRATIF

Présent	*Passé*
joins	aie joint
joignons	ayons joint
joignez	ayez joint

INFINITIF

Présent	*Passé*
joindre	avoir joint

PARTICIPE

Présent	*Passé*
joignant	joint
	ayant joint

GÉRONDIF

Présent	*Passé*
en joignant	en ayant joint

• Forme surcomposée : *j'ai eu joint* (→ Grammaire, § 92, 133).

• Les composés de **joindre** (→ tableau 22) et les verbes archaïques **poindre** et **oindre** se conjuguent sur ce modèle.

• Au sens intransitif de *commencer à paraître*, **poindre** ne s'emploie qu'aux formes : *il point, il poindra, il poindrait, il a point …*

• **Oindre** est sorti de l'usage, sauf à l'infinitif et au participe passé *oint, oints, ointe, ointes.*

INDICATIF	
Présent	*Passé composé*
je crains	j'ai craint
tu crains	tu as craint
il craint	il a craint
nous craignons	nous avons craint
vous craignez	vous avez craint
ils craignent	ils ont craint
Imparfait	*Plus-que-parfait*
je craignais	j'avais craint
tu craignais	tu avais craint
il craignait	il avait craint
nous craignions	nous avions craint
vous craigniez	vous aviez craint
ils craignaient	ils avaient craint
Passé simple	*Passé antérieur*
je craignis	j'eus craint
tu craignis	tu eus craint
il craignit	il eut craint
nous craignîmes	nous eûmes craint
vous craignîtes	vous eûtes craint
ils craignirent	ils eurent craint
Futur simple	*Futur antérieur*
je craindrai	j'aurai craint
tu craindras	tu auras craint
il craindra	il aura craint
nous craindrons	nous aurons craint
vous craindrez	vous aurez craint
ils craindront	ils auront craint

CONDITIONNEL	
Présent	*Passé*
je craindrais	j'aurais craint
tu craindrais	tu aurais craint
il craindrait	il aurait craint
nous craindrions	nous aurions craint
vous craindriez	vous auriez craint
ils craindraient	ils auraient craint
	Passé 2e forme
	mêmes formes que le plus-que-parfait du subjonctif.

SUBJONCTIF

Présent	Passé
que je craigne	que j'aie craint
que tu craignes	que tu aies craint
qu'il craigne	qu'il ait craint
que nous craignions	que nous ayons craint
que vous craigniez	que vous ayez craint
qu'ils craignent	qu'ils aient craint

Imparfait	Plus-que-parfait
que je craignisse	que j'eusse craint
que tu craignisses	que tu eusses craint
qu'il craignît	qu'il eût craint
que nous craignissions	que nous eussions craint
que vous craignissiez	que vous eussiez craint
qu'ils craignissent	qu'ils eussent craint

IMPÉRATIF

Présent	Passé
crains	aie craint
craignons	ayons craint
craignez	ayez craint

INFINITIF

Présent	Passé
craindre	avoir craint

PARTICIPE

Présent	Passé
craignant	craint
	ayant craint

GÉRONDIF

Présent	Passé
en craignant	en ayant craint

• Forme surcomposée : *j'ai eu craint* (→ Grammaire, § 92, 133).

• **Contraindre** et **plaindre** se conjuguent sur ce modèle.

INDICATIF

Présent	*Passé composé*
je vaincs	j'ai vaincu
tu vaincs	tu as vaincu
il vainc	il a vaincu
nous vainquons	nous avons vaincu
vous vainquez	vous avez vaincu
ils vainquent	ils ont vaincu

Imparfait	*Plus-que-parfait*
je vainquais	j'avais vaincu
tu vainquais	tu avais vaincu
il vainquait	il avait vaincu
nous vainquions	nous avions vaincu
vous vainquiez	vous aviez vaincu
ils vainquaient	ils avaient vaincu

Passé simple	*Passé antérieur*
je vainquis	j'eus vaincu
tu vainquis	tu eus vaincu
il vainquit	il eut vaincu
nous vainquîmes	nous eûmes vaincu
vous vainquîtes	vous eûtes vaincu
ils vainquirent	ils eurent vaincu

Futur simple	*Futur antérieur*
je vaincrai	j'aurai vaincu
tu vaincras	tu auras vaincu
il vaincra	il aura vaincu
nous vaincrons	nous aurons vaincu
vous vaincrez	vous aurez vaincu
ils vaincront	ils auront vaincu

CONDITIONNEL

Présent	*Passé*
je vaincrais	j'aurais vaincu
tu vaincrais	tu aurais vaincu
il vaincrait	il aurait vaincu
nous vaincrions	nous aurions vaincu
vous vaincriez	vous auriez vaincu
ils vaincraient	ils auraient vaincu

Passé 2e forme

mêmes formes que le plus-que-parfait
du subjonctif.

SUBJONCTIF

Présent	*Passé*
que je vainque	que j'aie vaincu
que tu vainques	que tu aies vaincu
qu'il vainque	qu'il ait vaincu
que nous vainquions	que nous ayons vaincu
que vous vainquiez	que vous ayez vaincu
qu'ils vainquent	qu'ils aient vaincu

Imparfait	*Plus-que-parfait*
que je vainquisse	que j'eusse vaincu
que tu vainquisses	que tu eusses vaincu
qu'il vainquît	qu'il eût vaincu
que nous vainquissions	que nous eussions vaincu
que vous vainquissiez	que vous eussiez vaincu
qu'ils vainquissent	qu'ils eussent vaincu

IMPÉRATIF

Présent	*Passé*
vaincs	aie vaincu
vainquons	ayons vaincu
vainquez	ayez vaincu

INFINITIF

Présent	*Passé*
vaincre	avoir vaincu

PARTICIPE

Présent	*Passé*
vainquant	vaincu
	ayant vaincu

GÉRONDIF

Présent	*Passé*
en vainquant	en ayant vaincu

• Forme surcomposée : *j'ai eu vaincu* (→ Grammaire, § 92, 133).

• Seule irrégularité du verbe **vaincre** : il ne prend pas de **t** final à la troisième personne du singulier du présent de l'indicatif : *il vainc.*
D'autre part, devant une voyelle (sauf **u**), le **c** se change en **qu** : *nous vainquons.*

• **Convaincre** se conjugue sur ce modèle.

INDICATIF	
Présent	*Passé composé*
je trais	j'ai trait
tu trais	tu as trait
il trait	il a trait
nous trayons	nous avons trait
vous trayez	vous avez trait
ils traient	ils ont trait
Imparfait	*Plus-que-parfait*
je trayais	j'avais trait
tu trayais	tu avais trait
il trayait	il avait trait
nous trayions	nous avions trait
vous trayiez	vous aviez trait
ils trayaient	ils avaient trait
Passé simple	*Passé antérieur*
	j'eus trait
	tu eus trait
	il eut trait
	nous eûmes trait
	vous eûtes trait
	ils eurent trait
Futur simple	*Futur antérieur*
je trairai	j'aurai trait
tu trairas	tu auras trait
il traira	il aura trait
nous trairons	nous aurons trait
vous trairez	vous aurez trait
ils trairont	ils auront trait

CONDITIONNEL	
Présent	*Passé*
je trairais	j'aurais trait
tu trairais	tu aurais trait
il trairait	il aurait trait
nous trairions	nous aurions trait
vous trairiez	vous auriez trait
ils trairaient	ils auraient trait
	Passé 2ᵉ forme
	mêmes formes que le plus-que-parfait du subjonctif.

SUBJONCTIF

Présent	*Passé*
que je traie	que j'aie trait
que tu traies	que tu aies trait
qu'il traie	qu'il ait trait
que nous trayions	que nous ayons trait
que vous trayiez	que vous ayez trait
qu'ils traient	qu'ils aient trait

Imparfait	*Plus-que-parfait*
	que j'eusse trait
	que tu eusses trait
	qu'il eût trait
	que nous eussions trait
	que vous eussiez trait
	qu'ils eussent trait

IMPÉRATIF

Présent	*Passé*
trais	aie trait
trayons	ayons trait
trayez	ayez trait

INFINITIF

Présent	*Passé*
traire	avoir trait

PARTICIPE

Présent	*Passé*
trayant	trait
	ayant trait

GÉRONDIF

Présent	*Passé*
en trayant	en ayant trait

• Forme surcomposée : *j'ai eu trait* (→ Grammaire, § 92, 133).

• Se conjuguent sur ce modèle les composés de **traire** (au sens de *tirer*) comme **extraire**, **distraire**, etc. (→ tableau 22), de même que le verbe **braire**, qui ne s'emploie qu'aux 3ᵉˢ personnes de l'indicatif présent, du futur et du conditionnel.

INDICATIF

Présent	Passé composé
je fais	j'ai fait
tu fais	tu as fait
il fait	il a fait
nous faisons	nous avons fait
vous faites	vous avez fait
ils font	ils ont fait

Imparfait	Plus-que-parfait
je faisais	j'avais fait
tu faisais	tu avais fait
il faisait	il avait fait
nous faisions	nous avions fait
vous faisiez	vous aviez fait
ils faisaient	ils avaient fait

Passé simple	Passé antérieur
je fis	j'eus fait
tu fis	tu eus fait
il fit	il eut fait
nous fîmes	nous eûmes fait
vous fîtes	vous eûtes fait
ils firent	ils eurent fait

Futur simple	Futur antérieur
je ferai	j'aurai fait
tu feras	tu auras fait
il fera	il aura fait
nous ferons	nous aurons fait
vous ferez	vous aurez fait
ils feront	ils auront fait

CONDITIONNEL

Présent	Passé
je ferais	j'aurais fait
tu ferais	tu aurais fait
il ferait	il aurait fait
nous ferions	nous aurions fait
vous feriez	vous auriez fait
ils feraient	ils auraient fait

Passé 2e forme

mêmes formes que le plus-que-parfait du subjonctif.

SUBJONCTIF

Présent	Passé
que je fasse	que j'aie fait
que tu fasses	que tu aies fait
qu'il fasse	qu'il ait fait
que nous fassions	que nous ayons fait
que vous fassiez	que vous ayez fait
qu'ils fassent	qu'ils aient fait

Imparfait	*Plus-que-parfait*
que je fisse	que j'eusse fait
que tu fisses	que tu eusses fait
qu'il fît	qu'il eût fait
que nous fissions	que nous eussions fait
que vous fissiez	que vous eussiez fait
qu'ils fissent	qu'ils eussent fait

IMPÉRATIF

Présent	*Passé*
fais	aie fait
faisons	ayons fait
faites	ayez fait

INFINITIF

Présent	*Passé*
faire	avoir fait

PARTICIPE

Présent	*Passé*
faisant	fait
	ayant fait

GÉRONDIF

Présent	*Passé*
en faisant	en ayant fait

• Forme surcomposée : *j'ai eu fait* (→ Grammaire, § 92, 133).

• Tout en écrivant **fai**, on prononce *nous fesons* [fəz5], *je fesais* [fəzɛ], *nous fesions* [fəzj5], *fesant* [fəzã]. En revanche, on a aligné sur la prononciation l'orthographe de *je ferai…, je ferais…*, écrits avec un e.

• Noter les 2e personnes du pluriel, présent : *vous faites* ; impératif : *faites*. *Vous faisez, faisez* sont de grossiers barbarismes.

• Les composés de **faire** se conjuguent sur ce modèle (→ tableau 22).

INDICATIF

Présent	Passé composé
je plais	j'ai plu
tu plais	tu as plu
il plaît	il a plu
nous plaisons	nous avons plu
vous plaisez	vous avez plu
ils plaisent	ils ont plu

Imparfait	Plus-que-parfait
je plaisais	j'avais plu
tu plaisais	tu avais plu
il plaisait	il avait plu
nous plaisions	nous avions plu
vous plaisiez	vous aviez plu
ils plaisaient	ils avaient plu

Passé simple	Passé antérieur
je plus	j'eus plu
tu plus	tu eus plu
il plut	il eut plu
nous plûmes	nous eûmes plu
vous plûtes	vous eûtes plu
ils plurent	ils eurent plu

Futur simple	Futur antérieur
je plairai	j'aurai plu
tu plairas	tu auras plu
il plaira	il aura plu
nous plairons	nous aurons plu
vous plairez	vous aurez plu
ils plairont	ils auront plu

CONDITIONNEL

Présent	Passé
je plairais	j'aurais plu
tu plairais	tu aurais plu
il plairait	il aurait plu
nous plairions	nous aurions plu
vous plairiez	vous auriez plu
ils plairaient	ils auraient plu

Passé 2e forme

mêmes formes que le plus-que-parfait
du subjonctif.

SUBJONCTIF

Présent	*Passé*
que je plaise	que j'aie plu
que tu plaises	que tu aies plu
qu'il plaise	qu'il ait plu
que nous plaisions	que nous ayons plu
que vous plaisiez	que vous ayez plu
qu'ils plaisent	qu'ils aient plu

Imparfait	*Plus-que-parfait*
que je plusse	que j'eusse plu
que tu plusses	que tu eusses plu
qu'il plût	qu'il eût plu
que nous plussions	que nous eussions plu
que vous plussiez	que vous eussiez plu
qu'ils plussent	qu'ils eussent plu

IMPÉRATIF

Présent	*Passé*
plais	aie plu
plaisons	ayons plu
plaisez	ayez plu

INFINITIF

Présent	*Passé*
plaire	avoir plu

PARTICIPE

Présent	*Passé*
plaisant	plu
	ayant plu

GÉRONDIF

Présent	*Passé*
en plaisant	en ayant plu

• Forme surcomposée : *j'ai eu plu* (→ Grammaire, § 92, 133).

• **Complaire** et **déplaire** se conjuguent sur ce modèle, de même que **taire**, qui, lui, ne prend pas d'accent circonflexe au présent de l'indicatif : *il tait*, et qui a un participe passé variable : *Les plaintes se sont* **tues**.

• Les rectifications orthographiques de 1990 autorisent l'orthographe : *il plait* (sans accent circonflexe), sur le modèle de *fait, tait*.

INDICATIF

Présent	Passé composé
je connais	j'ai connu
tu connais	tu as connu
il connaît	il a connu
nous connaissons	nous avons connu
vous connaissez	vous avez connu
ils connaissent	ils ont connu

Imparfait	Plus-que-parfait
je connaissais	j'avais connu
tu connaissais	tu avais connu
il connaissait	il avait connu
nous connaissions	nous avions connu
vous connaissiez	vous aviez connu
ils connaissaient	ils avaient connu

Passé simple	Passé antérieur
je connus	j'eus connu
tu connus	tu eus connu
il connut	il eut connu
nous connûmes	nous eûmes connu
vous connûtes	vous eûtes connu
ils connurent	ils eurent connu

Futur simple	Futur antérieur
je connaîtrai	j'aurai connu
tu connaîtras	tu auras connu
il connaîtra	il aura connu
nous connaîtrons	nous aurons connu
vous connaîtrez	vous aurez connu
ils connaîtront	ils auront connu

CONDITIONNEL

Présent	Passé
je connaîtrais	j'aurais connu
tu connaîtrais	tu aurais connu
il connaîtrait	il aurait connu
nous connaîtrions	nous aurions connu
vous connaîtriez	vous auriez connu
ils connaîtraient	ils auraient connu

Passé 2e forme

mêmes formes que le plus-que-parfait
du subjonctif.

SUBJONCTIF

Présent	*Passé*
que je connaisse	que j'aie connu
que tu connaisses	que tu aies connu
qu'il connaisse	qu'il ait connu
que nous connaissions	que nous ayons connu
que vous connaissiez	que vous ayez connu
qu'ils connaissent	qu'ils aient connu

Imparfait	*Plus-que-parfait*
que je connusse	que j'eusse connu
que tu connusses	que tu eusses connu
qu'il connût	qu'il eût connu
que nous connussions	que nous eussions connu
que vous connussiez	que vous eussiez connu
qu'ils connussent	qu'ils eussent connu

IMPÉRATIF

Présent	*Passé*
connais	aie connu
connaissons	ayons connu
connaissez	ayez connu

INFINITIF

Présent	*Passé*
connaître	avoir connu

PARTICIPE

Présent	*Passé*
connaissant	connu
	ayant connu

GÉRONDIF

Présent	*Passé*
en connaissant	en ayant connu

• Forme surcomposée : *j'ai eu connu* (→ Grammaire, § 92, 133).

• **Connaître, paraître** et tous leurs composés se conjuguent sur ce modèle.

• Tous les verbes en **-aître** prennent un accent circonflexe sur l'i qui précède le **t**, de même que tous les verbes en **-oître**. Toutefois, les rectifications orthographiques autorisent une orthographe sans accent circonflexe pour les verbes en **-aître** et en **-oître** *(paraitre, il parait, il paraitra)*, exception faite du verbe **croître** (→ tableau 73).

INDICATIF

Présent	*Passé composé*
je nais	je suis né
tu nais	tu es né
il naît	il est né
nous naissons	nous sommes nés
vous naissez	vous êtes nés
ils naissent	ils sont nés

Imparfait	*Plus-que-parfait*
je naissais	j'étais né
tu naissais	tu étais né
il naissait	il était né
nous naissions	nous étions nés
vous naissiez	vous étiez nés
ils naissaient	ils étaient nés

Passé simple	*Passé antérieur*
je naquis	je fus né
tu naquis	tu fus né
il naquit	il fut né
nous naquîmes	nous fûmes nés
vous naquîtes	vous fûtes nés
ils naquirent	ils furent nés

Futur simple	*Futur antérieur*
je naîtrai	je serai né
tu naîtras	tu seras né
il naîtra	il sera né
nous naîtrons	nous serons nés
vous naîtrez	vous serez nés
ils naîtront	ils seront nés

CONDITIONNEL

Présent	*Passé*
je naîtrais	je serais né
tu naîtrais	tu serais né
il naîtrait	il serait né
nous naîtrions	nous serions nés
vous naîtriez	vous seriez nés
ils naîtraient	ils seraient nés

Passé 2e forme

mêmes formes que le plus-que-parfait du subjonctif.

SUBJONCTIF

Présent	*Passé*
que je naisse	que je sois né
que tu naisses	que tu sois né
qu'il naisse	qu'il soit né
que nous naissions	que nous soyons nés
que vous naissiez	que vous soyez nés
qu'ils naissent	qu'ils soient nés

Imparfait	*Plus-que-parfait*
que je naquisse	que je fusse né
que tu naquisses	que tu fusses né
qu'il naquît	qu'il fût né
que nous naquissions	que nous fussions nés
que vous naquissiez	que vous fussiez nés
qu'ils naquissent	qu'ils fussent nés

IMPÉRATIF

Présent	*Passé*
nais	sois né
naissons	soyons nés
naissez	soyez nés

INFINITIF

Présent	*Passé*
naître	être né

PARTICIPE

Présent	*Passé*
naissant	né
	étant né

GÉRONDIF

Présent	*Passé*
en naissant	en étant né

→ Voir note du tableau 69.

INDICATIF	
Présent	*Passé composé*
je pais	
tu pais	
il paît	
nous paissons	
vous paissez	
ils paissent	
Imparfait	*Plus-que-parfait*
je paissais	
tu paissais	
il paissait	
nous paissions	
vous paissiez	
ils paissaient	
Passé simple	*Passé antérieur*
Futur simple	*Futur antérieur*
je paîtrai	
tu paîtras	
il paîtra	
nous paîtrons	
vous paîtrez	
ils paîtront	

CONDITIONNEL	
Présent	*Passé*
je paîtrais	
tu paîtrais	
il paîtrait	
nous paîtrions	
vous paîtriez	
ils paîtraient	
	Passé 2ᵉ forme
	mêmes formes que le plus-que-parfait du subjonctif.

SUBJONCTIF

Présent	*Passé*
que je paisse	
que tu paisses	
qu'il paisse	
que nous paissions	
que vous paissiez	
qu'ils paissent	

Imparfait	*Plus-que-parfait*

IMPÉRATIF

Présent	*Passé*
pais	
paissons	
paissez	

INFINITIF

Présent	*Passé*
paître	

PARTICIPE

Présent	*Passé*
paissant	

GÉRONDIF

Présent	*Passé*
en paissant	

• Le verbe **paître** n'a pas de temps composés ; il n'est employé qu'aux temps simples ci-dessus.

• Le participe passé **pu**, invariable, n'est utilisé qu'en termes de fauconnerie. → note du tableau 69.

INDICATIF	
Présent	*Passé composé*
je repais	j'ai repu
tu repais	tu as repu
il repaît	il a repu
nous repaissons	nous avons repu
vous repaissez	vous avez repu
ils repaissent	ils ont repu
Imparfait	*Plus-que-parfait*
je repaissais	j'avais repu
tu repaissais	tu avais repu
il repaissait	il avait repu
nous repaissions	nous avions repu
vous repaissiez	vous aviez repu
ils repaissaient	ils avaient repu
Passé simple	*Passé antérieur*
je repus	j'eus repu
tu repus	tu eus repu
il reput	il eut repu
nous repûmes	nous eûmes repu
vous repûtes	vous eûtes repu
ils repurent	ils eurent repu
Futur simple	*Futur antérieur*
je repaîtrai	j'aurai repu
tu repaîtras	tu auras repu
il repaîtra	il aura repu
nous repaîtrons	nous aurons repu
vous repaîtrez	vous aurez repu
ils repaîtront	ils auront repu

CONDITIONNEL	
Présent	*Passé*
je repaîtrais	j'aurais repu
tu repaîtrais	tu aurais repu
il repaîtrait	il aurait repu
nous repaîtrions	nous aurions repu
vous repaîtriez	vous auriez repu
ils repaîtraient	ils auraient repu
	Passé 2e forme
	mêmes formes que le plus-que-parfait du subjonctif.

SUBJONCTIF

Présent	*Passé*
que je repaisse	que j'aie repu
que tu repaisses	que tu aies repu
qu'il repaisse	qu'il ait repu
que nous repaissions	que nous ayons repu
que vous repaissiez	que vous ayez repu
qu'ils repaissent	qu'ils aient repu

Imparfait	*Plus-que-parfait*
que je repusse	que j'eusse repu
que tu repusses	que tu eusses repu
qu'il repût	qu'il eût repu
que nous repussions	que nous eussions repu
que vous repussiez	que vous eussiez repu
qu'ils repussent	qu'ils eussent repu

IMPÉRATIF

Présent	*Passé*
repais	aie repu
repaissons	ayons repu
repaissez	ayez repu

INFINITIF

Présent	*Passé*
repaître	avoir repu

PARTICIPE

Présent	*Passé*
repaissant	repu
	ayant repu

GÉRONDIF

Présent	*Passé*
en repaissant	en ayant repu

• Forme surcomposée : *j'ai eu repu* (→ Grammaire, § 92, 133).
→ note du tableau 69.

INDICATIF	
Présent	*Passé composé*
je croîs	j'ai crû
tu croîs	tu as crû
il croît	il a crû
nous croissons	nous avons crû
vous croissez	vous avez crû
ils croissent	ils ont crû
Imparfait	*Plus-que-parfait*
je croissais	j'avais crû
tu croissais	tu avais crû
il croissait	il avait crû
nous croissions	nous avions crû
vous croissiez	vous aviez crû
ils croissaient	ils avaient crû
Passé simple	*Passé antérieur*
je crûs	j'eus crû
tu crûs	tu eus crû
il crût	il eut crû
nous crûmes	nous eûmes crû
vous crûtes	vous eûtes crû
ils crûrent	ils eurent crû
Futur simple	*Futur antérieur*
je croîtrai	j'aurai crû
tu croîtras	tu auras crû
il croîtra	il aura crû
nous croîtrons	nous aurons crû
vous croîtrez	vous aurez crû
ils croîtront	ils auront crû

CONDITIONNEL	
Présent	*Passé*
je croîtrais	j'aurais crû
tu croîtrais	tu aurais crû
il croîtrait	il aurait crû
nous croîtrions	nous aurions crû
vous croîtriez	vous auriez crû
ils croîtraient	ils auraient crû
	Passé 2ᵉ forme
	mêmes formes que le plus-que-parfait du subjonctif.

SUBJONCTIF

Présent	Passé
que je croisse	que j'aie crû
que tu croisses	que tu aies crû
qu'il croisse	qu'il ait crû
que nous croissions	que nous ayons crû
que vous croissiez	que vous ayez crû
qu'ils croissent	qu'ils aient crû

Imparfait	*Plus-que-parfait*
que je crûsse	que j'eusse crû
que tu crûsses	que tu eusses crû
qu'il crût	qu'il eût crû
que nous crûssions	que nous eussions crû
que vous crûssiez	que vous eussiez crû
qu'ils crûssent	qu'ils eussent crû

IMPÉRATIF

Présent	Passé
croîs	aie crû
croissons	ayons crû
croissez	ayez crû

INFINITIF

Présent	Passé
croître	avoir crû

PARTICIPE

Présent	Passé
croissant	crû
	ayant crû

GÉRONDIF

Présent	Passé
en croissant	en ayant crû

• Forme surcomposée : *j'ai eu crû* (→ Grammaire, § 92, 133).

• **Accroître, décroître, recroître** se conjuguent sur ce modèle. S'ils prennent tous un accent circonflexe sur l'**i** suivi d'un **t**, **croître** est le seul qui ait l'accent circonflexe aux formes suivantes : *je croîs, tu croîs, je crûs, tu crûs, il crût, ils crûrent, que je crûsse…, crû, crûe, crûs, crûes*, pour le distinguer des formes correspondantes du verbe **croire**. Noter cependant le participe passé *recrû*.

INDICATIF	
Présent	*Passé composé*
je crois	j'ai cru
tu crois	tu as cru
il croit	il a cru
nous croyons	nous avons cru
vous croyez	vous avez cru
ils croient	ils ont cru
Imparfait	*Plus-que-parfait*
je croyais	j'avais cru
tu croyais	tu avais cru
il croyait	il avait cru
nous croyions	nous avions cru
vous croyiez	vous aviez cru
ils croyaient	ils avaient cru
Passé simple	*Passé antérieur*
je crus	j'eus cru
tu crus	tu eus cru
il crut	il eut cru
nous crûmes	nous eûmes cru
vous crûtes	vous eûtes cru
ils crurent	ils eurent cru
Futur simple	*Futur antérieur*
je croirai	j'aurai cru
tu croiras	tu auras cru
il croira	il aura cru
nous croirons	nous aurons cru
vous croirez	vous aurez cru
ils croiront	ils auront cru

CONDITIONNEL	
Présent	*Passé*
je croirais	j'aurais cru
tu croirais	tu aurais cru
il croirait	il aurait cru
nous croirions	nous aurions cru
vous croiriez	vous auriez cru
ils croiraient	ils auraient cru
	Passé 2ᵉ forme
	mêmes formes que le plus-que-parfait du subjonctif.

SUBJONCTIF

Présent	Passé
que je croie	que j'aie cru
que tu croies	que tu aies cru
qu'il croie	qu'il ait cru
que nous croyions	que nous ayons cru
que vous croyiez	que vous ayez cru
qu'ils croient	qu'ils aient cru

Imparfait	*Plus-que-parfait*
que je crusse	que j'eusse cru
que tu crusses	que tu eusses cru
qu'il crût	qu'il eût cru
que nous crussions	que nous eussions cru
que vous crussiez	que vous eussiez cru
qu'ils crussent	qu'ils eussent cru

IMPÉRATIF

Présent	Passé
crois	aie cru
croyons	ayons cru
croyez	ayez cru

INFINITIF

Présent	Passé
croire	avoir cru

PARTICIPE

Présent	Passé
croyant	cru
	ayant cru

GÉRONDIF

Présent	Passé
en croyant	en ayant cru

Forme surcomposée : *j'ai eu cru* (→ Grammaire du verbe, § 92, 133).

INDICATIF	
Présent	*Passé composé*
je bois	j'ai bu
tu bois	tu as bu
il boit	il a bu
nous buvons	nous avons bu
vous buvez	vous avez bu
ils boivent	ils ont bu
Imparfait	*Plus-que-parfait*
je buvais	j'avais bu
tu buvais	tu avais bu
il buvait	il avait bu
nous buvions	nous avions bu
vous buviez	vous aviez bu
ils buvaient	ils avaient bu
Passé simple	*Passé antérieur*
je bus	j'eus bu
tu bus	tu eus bu
il but	il eut bu
nous bûmes	nous eûmes bu
vous bûtes	vous eûtes bu
ils burent	ils eurent bu
Futur simple	*Futur antérieur*
je boirai	j'aurai bu
tu boiras	tu auras bu
il boira	il aura bu
nous boirons	nous aurons bu
vous boirez	vous aurez bu
ils boiront	ils auront bu

CONDITIONNEL	
Présent	*Passé*
je boirais	j'aurais bu
tu boirais	tu aurais bu
il boirait	il aurait bu
nous boirions	nous aurions bu
vous boiriez	vous auriez bu
ils boiraient	ils auraient bu
	Passé 2ᵉ forme
	mêmes formes que le plus-que-parfait du subjonctif.

SUBJONCTIF

Présent	*Passé*
que je boive	que j'aie bu
que tu boives	que tu aies bu
qu'il boive	qu'il ait bu
que nous buvions	que nous ayons bu
que vous buviez	que vous ayez bu
qu'ils boivent	qu'ils aient bu

Imparfait	*Plus-que-parfait*
que je busse	que j'eusse bu
que tu busses	que tu eusses bu
qu'il bût	qu'il eût bu
que nous bussions	que nous eussions bu
que vous bussiez	que vous eussiez bu
qu'ils bussent	qu'ils eussent bu

IMPÉRATIF

Présent	*Passé*
bois	aie bu
buvons	ayons bu
buvez	ayez bu

INFINITIF

Présent	*Passé*
boire	avoir bu

PARTICIPE

Présent	*Passé*
buvant	bu
	ayant bu

GÉRONDIF

Présent	*Passé*
en buvant	en ayant bu

Forme surcomposée : *j'ai eu bu* (→ Grammaire, § 92, 133).

INDICATIF	
Présent	*Passé composé*
je clos	j'ai clos
tu clos	tu as clos
il clôt	il a clos
	nous avons clos
	vous avez clos
ils closent	ils ont clos
Imparfait	*Plus-que-parfait*
	j'avais clos
	tu avais clos
	il avait clos
	nous avions clos
	vous aviez clos
	ils avaient clos
Passé simple	*Passé antérieur*
	j'eus clos
	tu eus clos
	il eut clos
	nous eûmes clos
	vous eûtes clos
	ils eurent clos
Futur simple	*Futur antérieur*
je clorai	j'aurai clos
tu cloras	tu auras clos
il clora	il aura clos
nous clorons	nous aurons clos
vous clorez	vous aurez clos
ils cloront	ils auront clos

CONDITIONNEL	
Présent	*Passé*
je clorais	j'aurais clos
tu clorais	tu aurais clos
il clorait	il aurait clos
nous clorions	nous aurions clos
vous cloriez	vous auriez clos
ils cloraient	ils auraient clos
	Passé 2e forme
	mêmes formes que le plus-que-parfait du subjonctif.

SUBJONCTIF

Présent	*Passé*
que je close	que j'aie clos
que tu closes	que tu aies clos
qu'il close	qu'il ait clos
que nous closions	que nous ayons clos
que vous closiez	que vous ayez clos
qu'ils closent	qu'ils aient clos

Imparfait	*Plus-que-parfait*
	que j'eusse clos
	que tu eusses clos
	qu'il eût clos
	que nous eussions clos
	que vous eussiez clos
	qu'ils eussent clos

IMPÉRATIF

Présent	*Passé*
clos	aie clos
	ayons clos
	ayez clos

INFINITIF

Présent	*Passé*
clore	avoir clos

PARTICIPE

Présent	*Passé*
closant	clos
	ayant clos

GÉRONDIF

Présent	*Passé*
en closant	en ayant clos

• Forme surcomposée : *j'ai eu clos* (→ Grammaire, § 92, 133).

• **Éclore** ne s'emploie guère qu'à la 3ᵉ personne. L'Académie française écrit : *il éclot* sans accent circonflexe.
Enclore possède les formes *nous enclosons, vous enclosez* ; impératif : *enclosons, enclosez*. L'Académie française écrit sans accent circonflexe : *il enclot*. **Déclore** ne prend pas d'accent circonflexe au présent de l'indicatif : *il déclot*. Il n'est guère utilisé qu'à l'infinitif et au participe passé (*déclos, déclose*).

INDICATIF

Présent	Passé composé
je conclus	j'ai conclu
tu conclus	tu as conclu
il conclut	il a conclu
nous concluons	nous avons conclu
vous concluez	vous avez conclu
ils concluent	ils ont conclu

Imparfait	Plus-que-parfait
je concluais	j'avais conclu
tu concluais	tu avais conclu
il concluait	il avait conclu
nous concluions	nous avions conclu
vous concluiez	vous aviez conclu
ils concluaient	ils avaient conclu

Passé simple	Passé antérieur
je conclus	j'eus conclu
tu conclus	tu eus conclu
il conclut	il eut conclu
nous conclûmes	nous eûmes conclu
vous conclûtes	vous eûtes conclu
ils conclurent	ils eurent conclu

Futur simple	Futur antérieur
je conclurai	j'aurai conclu
tu concluras	tu auras conclu
il conclura	il aura conclu
nous conclurons	nous aurons conclu
vous conclurez	vous aurez conclu
ils concluront	ils auront conclu

CONDITIONNEL

Présent	Passé
je conclurais	j'aurais conclu
tu conclurais	tu aurais conclu
il conclurait	il aurait conclu
nous conclurions	nous aurions conclu
vous concluriez	vous auriez conclu
ils concluraient	ils auraient conclu

Passé 2e forme

mêmes formes que le plus-que-parfait du subjonctif.

SUBJONCTIF

Présent	*Passé*
que je conclue	que j'aie conclu
que tu conclues	que tu aies conclu
qu'il conclue	qu'il ait conclu
que nous concluions	que nous ayons conclu
que vous concluiez	que vous ayez conclu
qu'ils concluent	qu'ils aient conclu

Imparfait	*Plus-que-parfait*
que je conclusse	que j'eusse conclu
que tu conclusses	que tu eusses conclu
qu'il conclût	qu'il eût conclu
que nous conclussions	que nous eussions conclu
que vous conclussiez	que vous eussiez conclu
qu'ils conclussent	qu'ils eussent conclu

IMPÉRATIF

Présent	*Passé*
conclus	aie conclu
concluons	ayons conclu
concluez	ayez conclu

INFINITIF

Présent	*Passé*
conclure	avoir conclu

PARTICIPE

Présent	*Passé*
concluant	conclu
	ayant conclu

GÉRONDIF

Présent	*Passé*
en concluant	en ayant conclu

• Forme surcomposée : *j'ai eu conclu* (→ Grammaire, § 92, 133).

• **Inclure** fait au participe passé *inclus, incluse, incluses*. Noter l'opposition *exclu(e)* / *inclus(e)*.

• **Occlure** fait au participe passé *occlus, occluse, occluses*.

INDICATIF	
Présent	*Passé composé*
j'absous	j'ai absous
tu absous	tu as absous
il absout	il a absous
nous absolvons	nous avons absous
vous absolvez	vous avez absous
ils absolvent	ils ont absous
Imparfait	*Plus-que-parfait*
j'absolvais	j'avais absous
tu absolvais	tu avais absous
il absolvait	il avait absous
nous absolvions	nous avions absous
vous absolviez	vous aviez absous
ils absolvaient	ils avaient absous
Passé simple	*Passé antérieur*
	j'eus absous
	tu eus absous
	il eut absous
	nous eûmes absous
	vous eûtes absous
	ils eurent absous
Futur simple	*Futur antérieur*
j'absoudrai	j'aurai absous
tu absoudras	tu auras absous
il absoudra	il aura absous
nous absoudrons	nous aurons absous
vous absoudrez	vous aurez absous
ils absoudront	ils auront absous

CONDITIONNEL	
Présent	*Passé*
j'absoudrais	j'aurais absous
tu absoudrais	tu aurais absous
il absoudrait	il aurait absous
nous absoudrions	nous aurions absous
vous absoudriez	vous auriez absous
ils absoudraient	ils auraient absous
	Passé 2ᵉ forme
	mêmes formes que le plus-que-parfait du subjonctif.

SUBJONCTIF

Présent	Passé
que j'absolve	que j'aie absous
que tu absolves	que tu aies absous
qu'il absolve	qu'il ait absous
que nous absolvions	que nous ayons absous
que vous absolviez	que vous ayez absous
qu'ils absolvent	qu'ils aient absous

Imparfait	Plus-que-parfait
	que j'eusse absous
	que tu eusses absous
	qu'il eût absous
	que nous eussions absous
	que vous eussiez absous
	qu'ils eussent absous

IMPÉRATIF

Présent	Passé
absous	aie absous
absolvons	ayons absous
absolvez	ayez absous

INFINITIF

Présent	Passé
absoudre	avoir absous

PARTICIPE

Présent	Passé
absolvant	absous, absoute
	ayant absous

GÉRONDIF

Présent	Passé
en absolvant	en ayant absous

• Forme surcomposée : *j'ai eu absous* (→ Grammaire, § 92, 133).

• **Absoudre.** *Absous, absoute* a éliminé un ancien participe passé *absolu* qui s'est conservé comme adjectif au sens de *complet, sans restriction*. Le passé simple *j'absolus* ne s'emploie pas. **Dissoudre** se conjugue comme **absoudre**, y compris le participe passé *dissous, dissoute*, distinct de l'ancien participe *dissolu, ue*, qui a subsisté comme adjectif au sens de *corrompu, débauché*. **Résoudre** possède un passé simple : *je résolus*, et un subjonctif imparfait : *que je résolusse*. Le participe passé est *résolu*.

INDICATIF	
Présent	*Passé composé*
je couds	j'ai cousu
tu couds	tu as cousu
il coud	il a cousu
nous cousons	nous avons cousu
vous cousez	vous avez cousu
ils cousent	ils ont cousu
Imparfait	*Plus-que-parfait*
je cousais	j'avais cousu
tu cousais	tu avais cousu
il cousait	il avait cousu
nous cousions	nous avions cousu
vous cousiez	vous aviez cousu
ils cousaient	ils avaient cousu
Passé simple	*Passé antérieur*
je cousis	j'eus cousu
tu cousis	tu eus cousu
il cousit	il eut cousu
nous cousîmes	nous eûmes cousu
vous cousîtes	vous eûtes cousu
ils cousirent	ils eurent cousu
Futur simple	*Futur antérieur*
je coudrai	j'aurai cousu
tu coudras	tu auras cousu
il coudra	il aura cousu
nous coudrons	nous aurons cousu
vous coudrez	vous aurez cousu
ils coudront	ils auront cousu

CONDITIONNEL	
Présent	*Passé*
je coudrais	j'aurais cousu
tu coudrais	tu aurais cousu
il coudrait	il aurait cousu
nous coudrions	nous aurions cousu
vous coudriez	vous auriez cousu
ils coudraient	ils auraient cousu
	Passé 2ᵉ forme
	mêmes formes que le plus-que-parfait du subjonctif.

SUBJONCTIF

Présent	Passé
que je couse	que j'aie cousu
que tu couses	que tu aies cousu
qu'il couse	qu'il ait cousu
que nous cousions	que nous ayons cousu
que vous cousiez	que vous ayez cousu
qu'ils cousent	qu'ils aient cousu

Imparfait	Plus-que-parfait
que je cousisse	que j'eusse cousu
que tu cousisses	que tu eusses cousu
qu'il cousît	qu'il eût cousu
que nous cousissions	que nous eussions cousu
que vous cousissiez	que vous eussiez cousu
qu'ils cousissent	qu'ils eussent cousu

IMPÉRATIF

Présent	Passé
couds	aie cousu
cousons	ayons cousu
cousez	ayez cousu

INFINITIF

Présent	Passé
coudre	avoir cousu

PARTICIPE

Présent	Passé
cousant	cousu
	ayant cousu

GÉRONDIF

Présent	Passé
en cousant	en ayant cousu

- Forme surcomposée : *j'ai eu cousu* (→ Grammaire du verbe, § 92, 133).
- **Découdre, recoudre** se conjuguent sur ce modèle.

INDICATIF

Présent	Passé composé
je mouds	j'ai moulu
tu mouds	tu as moulu
il moud	il a moulu
nous moulons	nous avons moulu
vous moulez	vous avez moulu
ils moulent	ils ont moulu

Imparfait	Plus-que-parfait
je moulais	j'avais moulu
tu moulais	tu avais moulu
il moulait	il avait moulu
nous moulions	nous avions moulu
vous mouliez	vous aviez moulu
ils moulaient	ils avaient moulu

Passé simple	Passé antérieur
je moulus	j'eus moulu
tu moulus	tu eus moulu
il moulut	il eut moulu
nous moulûmes	nous eûmes moulu
vous moulûtes	vous eûtes moulu
ils moulurent	ils eurent moulu

Futur simple	Futur antérieur
je moudrai	j'aurai moulu
tu moudras	tu auras moulu
il moudra	il aura moulu
nous moudrons	nous aurons moulu
vous moudrez	vous aurez moulu
ils moudront	ils auront moulu

CONDITIONNEL

Présent	Passé
je moudrais	j'aurais moulu
tu moudrais	tu aurais moulu
il moudrait	il aurait moulu
nous moudrions	nous aurions moulu
vous moudriez	vous auriez moulu
ils moudraient	ils auraient moulu

Passé 2e forme

mêmes formes que le plus-que-parfait du subjonctif.

SUBJONCTIF

Présent	*Passé*
que je moule	que j'aie moulu
que tu moules	que tu aies moulu
qu'il moule	qu'il ait moulu
que nous moulions	que nous ayons moulu
que vous mouliez	que vous ayez moulu
qu'ils moulent	qu'ils aient moulu

Imparfait	*Plus-que-parfait*
que je moulusse	que j'eusse moulu
que tu moulusses	que tu eusses moulu
qu'il moulût	qu'il eût moulu
que nous moulussions	que nous eussions moulu
que vous moulussiez	que vous eussiez moulu
qu'ils moulussent	qu'ils eussent moulu

IMPÉRATIF

Présent	*Passé*
mouds	aie moulu
moulons	ayons moulu
moulez	ayez moulu

INFINITIF

Présent	*Passé*
moudre	avoir moulu

PARTICIPE

Présent	*Passé*
moulant	moulu
	ayant moulu

GÉRONDIF

Présent	*Passé*
en moulant	en ayant moulu

• Forme surcomposée : *j'ai eu moulu* (→ Grammaire, § 92, 133).

• **Émoudre**, **remoudre** se conjuguent sur ce modèle.

INDICATIF

Présent	*Passé composé*
je suis	j'ai suivi
tu suis	tu as suivi
il suit	il a suivi
nous suivons	nous avons suivi
vous suivez	vous avez suivi
ils suivent	ils ont suivi

Imparfait	*Plus-que-parfait*
je suivais	j'avais suivi
tu suivais	tu avais suivi
il suivait	il avait suivi
nous suivions	nous avions suivi
vous suiviez	vous aviez suivi
ils suivaient	ils avaient suivi

Passé simple	*Passé antérieur*
je suivis	j'eus suivi
tu suivis	tu eus suivi
il suivit	il eut suivi
nous suivîmes	nous eûmes suivi
vous suivîtes	vous eûtes suivi
ils suivirent	ils eurent suivi

Futur simple	*Futur antérieur*
je suivrai	j'aurai suivi
tu suivras	tu auras suivi
il suivra	il aura suivi
nous suivrons	nous aurons suivi
vous suivrez	vous aurez suivi
ils suivront	ils auront suivi

CONDITIONNEL

Présent	*Passé*
je suivrais	j'aurais suivi
tu suivrais	tu aurais suivi
il suivrait	il aurait suivi
nous suivrions	nous aurions suivi
vous suivriez	vous auriez suivi
ils suivraient	ils auraient suivi

Passé 2ᵉ forme

mêmes formes que le plus-que-parfait du subjonctif.

SUBJONCTIF

Présent	*Passé*
que je suive	que j'aie suivi
que tu suives	que tu aies suivi
qu'il suive	qu'il ait suivi
que nous suivions	que nous ayons suivi
que vous suiviez	que vous ayez suivi
qu'ils suivent	qu'ils aient suivi

Imparfait	*Plus-que-parfait*
que je suivisse	que j'eusse suivi
que tu suivisses	que tu eusses suivi
qu'il suivît	qu'il eût suivi
que nous suivissions	que nous eussions suivi
que vous suivissiez	que vous eussiez suivi
qu'ils suivissent	qu'ils eussent suivi

IMPÉRATIF

Présent	*Passé*
suis	aie suivi
suivons	ayons suivi
suivez	ayez suivi

INFINITIF

Présent	*Passé*
suivre	avoir suivi

PARTICIPE

Présent	*Passé*
suivant	suivi
	ayant suivi

GÉRONDIF

Présent	*Passé*
en suivant	en ayant suivi

• Forme surcomposée : *j'ai eu suivi* (→ Grammaire, § 92, 133).

• **S'ensuivre** (auxiliaire **être**) et **poursuivre** se conjuguent sur ce modèle.

INDICATIF

Présent	Passé composé
je vis	j'ai vécu
tu vis	tu as vécu
il vit	il a vécu
nous vivons	nous avons vécu
vous vivez	vous avez vécu
ils vivent	ils ont vécu

Imparfait	Plus-que-parfait
je vivais	j'avais vécu
tu vivais	tu avais vécu
il vivait	il avait vécu
nous vivions	nous avions vécu
vous viviez	vous aviez vécu
ils vivaient	ils avaient vécu

Passé simple	Passé antérieur
je vécus	j'eus vécu
tu vécus	tu eus vécu
il vécut	il eut vécu
nous vécûmes	nous eûmes vécu
vous vécûtes	vous eûtes vécu
ils vécurent	ils eurent vécu

Futur simple	Futur antérieur
je vivrai	j'aurai vécu
tu vivras	tu auras vécu
il vivra	il aura vécu
nous vivrons	nous aurons vécu
vous vivrez	vous aurez vécu
ils vivront	ils auront vécu

CONDITIONNEL

Présent	Passé
je vivrais	j'aurais vécu
tu vivrais	tu aurais vécu
il vivrait	il aurait vécu
nous vivrions	nous aurions vécu
vous vivriez	vous auriez vécu
ils vivraient	ils auraient vécu

Passé 2e forme

mêmes formes que le plus-que-parfait du subjonctif.

SUBJONCTIF

Présent	*Passé*
que je vive	que j'aie vécu
que tu vives	que tu aies vécu
qu'il vive	qu'il ait vécu
que nous vivions	que nous ayons vécu
que vous viviez	que vous ayez vécu
qu'ils vivent	qu'ils aient vécu

Imparfait	*Plus-que-parfait*
que je vécusse	que j'eusse vécu
que tu vécusses	que tu eusses vécu
qu'il vécût	qu'il eût vécu
que nous vécussions	que nous eussions vécu
que vous vécussiez	que vous eussiez vécu
qu'ils vécussent	qu'ils eussent vécu

IMPÉRATIF

Présent	*Passé*
vis	aie vécu
vivons	ayons vécu
vivez	ayez vécu

INFINITIF

Présent	*Passé*
vivre	avoir vécu

PARTICIPE

Présent	*Passé*
vivant	vécu
	ayant vécu

GÉRONDIF

Présent	*Passé*
en vivant	en ayant vécu

• Forme surcomposée : *j'ai eu vécu* (→ Grammaire, § 92, 133).

• **Revivre** et **survivre** se conjuguent sur ce modèle ; le participe passé de **survivre** est invariable.

INDICATIF	
Présent	*Passé composé*
je lis	j'ai lu
tu lis	tu as lu
il lit	il a lu
nous lisons	nous avons lu
vous lisez	vous avez lu
ils lisent	ils ont lu
Imparfait	*Plus-que-parfait*
je lisais	j'avais lu
tu lisais	tu avais lu
il lisait	il avait lu
nous lisions	nous avions lu
vous lisiez	vous aviez lu
ils lisaient	ils avaient lu
Passé simple	*Passé antérieur*
je lus	j'eus lu
tu lus	tu eus lu
il lut	il eut lu
nous lûmes	nous eûmes lu
vous lûtes	vous eûtes lu
ils lurent	ils eurent lu
Futur simple	*Futur antérieur*
je lirai	j'aurai lu
tu liras	tu auras lu
il lira	il aura lu
nous lirons	nous aurons lu
vous lirez	vous aurez lu
ils liront	ils auront lu

CONDITIONNEL	
Présent	*Passé*
je lirais	j'aurais lu
tu lirais	tu aurais lu
il lirait	il aurait lu
nous lirions	nous aurions lu
vous liriez	vous auriez lu
ils liraient	ils auraient lu
	Passé 2e forme
	mêmes formes que le plus-que-parfait du subjonctif.

SUBJONCTIF

Présent	Passé
que je lise	que j'aie lu
que tu lises	que tu aies lu
qu'il lise	qu'il ait lu
que nous lisions	que nous ayons lu
que vous lisiez	que vous ayez lu
qu'ils lisent	qu'ils aient lu

Imparfait	Plus-que-parfait
que je lusse	que j'eusse lu
que tu lusses	que tu eusses lu
qu'il lût	qu'il eût lu
que nous lussions	que nous eussions lu
que vous lussiez	que vous eussiez lu
qu'ils lussent	qu'ils eussent lu

IMPÉRATIF

Présent	Passé
lis	aie lu
lisons	ayons lu
lisez	ayez lu

INFINITIF

Présent	Passé
lire	avoir lu

PARTICIPE

Présent	Passé
lisant	lu
	ayant lu

GÉRONDIF

Présent	Passé
en lisant	en ayant lu

• Forme surcomposée : *j'ai eu lu* (→ Grammaire, § 92, 133).

• **Élire**, **réélire**, **relire** se conjuguent sur ce modèle.

INDICATIF	
Présent	*Passé composé*
je dis	j'ai dit
tu dis	tu as dit
il dit	il a dit
nous disons	nous avons dit
vous dites	vous avez dit
ils disent	ils ont dit
Imparfait	*Plus-que-parfait*
je disais	j'avais dit
tu disais	tu avais dit
il disait	il avait dit
nous disions	nous avions dit
vous disiez	vous aviez dit
ils disaient	ils avaient dit
Passé simple	*Passé antérieur*
je dis	j'eus dit
tu dis	tu eus dit
il dit	il eut dit
nous dîmes	nous eûmes dit
vous dîtes	vous eûtes dit
ils dirent	ils eurent dit
Futur simple	*Futur antérieur*
je dirai	j'aurai dit
tu diras	tu auras dit
il dira	il aura dit
nous dirons	nous aurons dit
vous direz	vous aurez dit
ils diront	ils auront dit

CONDITIONNEL	
Présent	*Passé*
je dirais	j'aurais dit
tu dirais	tu aurais dit
il dirait	il aurait dit
nous dirions	nous aurions dit
vous diriez	vous auriez dit
ils diraient	ils auraient dit
	Passé 2ᵉ forme
	mêmes formes que le plus-que-parfait du subjonctif.

SUBJONCTIF

Présent	Passé
que je dise	que j'aie dit
que tu dises	que tu aies dit
qu'il dise	qu'il ait dit
que nous disions	que nous ayons dit
que vous disiez	que vous ayez dit
qu'ils disent	qu'ils aient dit

Imparfait	Plus-que-parfait
que je disse	que j'eusse dit
que tu disses	que tu eusses dit
qu'il dît	qu'il eût dit
que nous dissions	que nous eussions dit
que vous dissiez	que vous eussiez dit
qu'ils dissent	qu'ils eussent dit

IMPÉRATIF

Présent	Passé
dis	aie dit
disons	ayons dit
dites	ayez dit

INFINITIF

Présent	Passé
dire	avoir dit

PARTICIPE

Présent	Passé
disant	dit
	ayant dit

GÉRONDIF

Présent	Passé
en disant	en ayant dit

• Forme surcomposée : *j'ai eu dit* (→ Grammaire, § 92, 133).

• **Redire** se conjugue sur ce modèle.

• **Contredire, dédire, interdire, médire** et **prédire** ont au présent de l'indicatif et de l'impératif les formes : *(vous) contredisez, dédisez, interdisez, médisez, prédisez.*

• Quant à **maudire**, il se conjugue sur **finir** : *nous maudissons, vous maudissez, ils maudissent, je maudissais,* etc., *maudissant,* sauf au participe passé : *maudit, maudite.*

INDICATIF

Présent	*Passé composé*
je ris	j'ai ri
tu ris	tu as ri
il rit	il a ri
nous rions	nous avons ri
vous riez	vous avez ri
ils rient	ils ont ri

Imparfait	*Plus-que-parfait*
je riais	j'avais ri
tu riais	tu avais ri
il riait	il avait ri
nous riions	nous avions ri
vous riiez	vous aviez ri
ils riaient	ils avaient ri

Passé simple	*Passé antérieur*
je ris	j'eus ri
tu ris	tu eus ri
il rit	il eut ri
nous rîmes	nous eûmes ri
vous rîtes	vous eûtes ri
ils rirent	ils eurent ri

Futur simple	*Futur antérieur*
je rirai	j'aurai ri
tu riras	tu auras ri
il rira	il aura ri
nous rirons	nous aurons ri
vous rirez	vous aurez ri
ils riront	ils auront ri

CONDITIONNEL

Présent	*Passé*
je rirais	j'aurais ri
tu rirais	tu aurais ri
il rirait	il aurait ri
nous ririons	nous aurions ri
vous ririez	vous auriez ri
ils riraient	ils auraient ri

Passé 2ᵉ forme

mêmes formes que le plus-que-parfait
du subjonctif.

SUBJONCTIF

Présent	*Passé*
que je rie	que j'aie ri
que tu ries	que tu aies ri
qu'il rie	qu'il ait ri
que nous riions	que nous ayons ri
que vous riiez	que vous ayez ri
qu'ils rient	qu'ils aient ri

Imparfait (rare)	*Plus-que-parfait*
que je risse	que j'eusse ri
que tu risses	que tu eusses ri
qu'il rît	qu'il eût ri
que nous rissions	que nous eussions ri
que vous rissiez	que vous eussiez ri
qu'ils rissent	qu'ils eussent ri

IMPÉRATIF

Présent	*Passé*
ris	aie ri
rions	ayons ri
riez	ayez ri

INFINITIF

Présent	*Passé*
rire	avoir ri

PARTICIPE

Présent	*Passé*
riant	ri
	ayant ri

GÉRONDIF

Présent	*Passé*
en riant	en ayant ri

• Forme surcomposée : *j'ai eu ri* (→ Grammaire, § 92, 133).

• Remarquer les deux i consécutifs aux deux premières personnes du pluriel de l'imparfait de l'indicatif et du présent du subjonctif.

• **Sourire** se conjugue sur ce modèle ; son participe passé est invariable, même à la forme pronominale.

INDICATIF

Présent	Passé composé
j'écris	j'ai écrit
tu écris	tu as écrit
il écrit	il a écrit
nous écrivons	nous avons écrit
vous écrivez	vous avez écrit
ils écrivent	ils ont écrit

Imparfait	Plus-que-parfait
j'écrivais	j'avais écrit
tu écrivais	tu avais écrit
il écrivait	il avait écrit
nous écrivions	nous avions écrit
vous écriviez	vous aviez écrit
ils écrivaient	ils avaient écrit

Passé simple	Passé antérieur
j'écrivis	j'eus écrit
tu écrivis	tu eus écrit
il écrivit	il eut écrit
nous écrivîmes	nous eûmes écrit
vous écrivîtes	vous eûtes écrit
ils écrivirent	ils eurent écrit

Futur simple	Futur antérieur
j'écrirai	j'aurai écrit
tu écriras	tu auras écrit
il écrira	il aura écrit
nous écrirons	nous aurons écrit
vous écrirez	vous aurez écrit
ils écriront	ils auront écrit

CONDITIONNEL

Présent	Passé
j'écrirais	j'aurais écrit
tu écrirais	tu aurais écrit
il écrirait	il aurait écrit
nous écririons	nous aurions écrit
vous écririez	vous auriez écrit
ils écriraient	ils auraient écrit

Passé 2ᵉ forme

mêmes formes que le plus-que-parfait du subjonctif.

SUBJONCTIF

Présent	Passé
que j'écrive	que j'aie écrit
que tu écrives	que tu aies écrit
qu'il écrive	qu'il ait écrit
que nous écrivions	que nous ayons écrit
que vous écriviez	que vous ayez écrit
qu'ils écrivent	qu'ils aient écrit

Imparfait	Plus-que-parfait
que j'écrivisse	que j'eusse écrit
que tu écrivisses	que tu eusses écrit
qu'il écrivît	qu'il eût écrit
que nous écrivissions	que nous eussions écrit
que vous écrivissiez	que vous eussiez écrit
qu'ils écrivissent	qu'ils eussent écrit

IMPÉRATIF

Présent	Passé
écris	aie écrit
écrivons	ayons écrit
écrivez	ayez écrit

INFINITIF

Présent	Passé
écrire	avoir écrit

PARTICIPE

Présent	Passé
écrivant	écrit
	ayant écrit

GÉRONDIF

Présent	Passé
en écrivant	en ayant écrit

• Forme surcomposée : *j'ai eu écrit* (→ Grammaire, § 92, 133).

• **Récrire**, **décrire** et tous les composés en **-scrire** (→ tableau 22) se conjuguent sur ce modèle.

INDICATIF

Présent

je confis
tu confis
il confit
nous confisons
vous confisez
ils confisent

Passé composé

j'ai confit
tu as confit
il a confit
nous avons confit
vous avez confit
ils ont confit

Imparfait

je confisais
tu confisais
il confisait
nous confisions
vous confisiez
ils confisaient

Plus-que-parfait

j'avais confit
tu avais confit
il avait confit
nous avions confit
vous aviez confit
ils avaient confit

Passé simple

je confis
tu confis
il confit
nous confîmes
vous confîtes
ils confirent

Passé antérieur

j'eus confit
tu eus confit
il eut confit
nous eûmes confit
vous eûtes confit
ils eurent confit

Futur simple

je confirai
tu confiras
il confira
nous confirons
vous confirez
ils confiront

Futur antérieur

j'aurai confit
tu auras confit
il aura confit
nous aurons confit
vous aurez confit
ils auront confit

CONDITIONNEL

Présent

je confirais
tu confirais
il confirait
nous confirions
vous confiriez
ils confiraient

Passé

j'aurais confit
tu aurais confit
il aurait confit
nous aurions confit
vous auriez confit
ils auraient confit

Passé 2e forme

mêmes formes que le plus-que-parfait
du subjonctif.

SUBJONCTIF

Présent	*Passé*
que je confise	que j'aie confit
que tu confises	que tu aies confit
qu'il confise	qu'il ait confit
que nous confisions	que nous ayons confit
que vous confisiez	que vous ayez confit
qu'ils confisent	qu'ils aient confit

Imparfait	*Plus-que-parfait*
que je confisse	que j'eusse confit
que tu confisses	que tu eusses confit
qu'il confît	qu'il eût confit
que nous confissions	que nous eussions confit
que vous confissiez	que vous eussiez confit
qu'ils confissent	qu'ils eussent confit

IMPÉRATIF

Présent	*Passé*
confis	aie confit
confisons	ayons confit
confisez	ayez confit

INFINITIF

Présent	*Passé*
confire	avoir confit

PARTICIPE

Présent	*Passé*
confisant	confit
	ayant confit

GÉRONDIF

Présent	*Passé*
en confisant	en ayant confit

• Forme surcomposée : *j'ai eu confit* (→ Grammaire, § 92, 133).

• **Circoncire** se conjugue sur **confire**, mais participe passé est *circoncis, ise*.

• **Suffire** se conjugue sur **confire**. Le participe passé *suffi* (sans **t**), est invariable, même à la forme pronominale.

INDICATIF	
Présent	*Passé composé*
je cuis	j'ai cuit
tu cuis	tu as cuit
il cuit	il a cuit
nous cuisons	nous avons cuit
vous cuisez	vous avez cuit
ils cuisent	ils ont cuit
Imparfait	*Plus-que-parfait*
je cuisais	j'avais cuit
tu cuisais	tu avais cuit
il cuisait	il avait cuit
nous cuisions	nous avions cuit
vous cuisiez	vous aviez cuit
ils cuisaient	ils avaient cuit
Passé simple	*Passé antérieur*
je cuisis	j'eus cuit
tu cuisis	tu eus cuit
il cuisit	il eut cuit
nous cuisîmes	nous eûmes cuit
vous cuisîtes	vous eûtes cuit
ils cuisirent	ils eurent cuit
Futur simple	*Futur antérieur*
je cuirai	j'aurai cuit
tu cuiras	tu auras cuit
il cuira	il aura cuit
nous cuirons	nous aurons cuit
vous cuirez	vous aurez cuit
ils cuiront	ils auront cuit

CONDITIONNEL	
Présent	*Passé*
je cuirais	j'aurais cuit
tu cuirais	tu aurais cuit
il cuirait	il aurait cuit
nous cuirions	nous aurions cuit
vous cuiriez	vous auriez cuit
ils cuiraient	ils auraient cuit
	Passé 2e forme
	mêmes formes que le plus-que-parfait du subjonctif.

SUBJONCTIF

Présent	*Passé*
que je cuise	que j'aie cuit
que tu cuises	que tu aies cuit
qu'il cuise	qu'il ait cuit
que nous cuisions	que nous ayons cuit
que vous cuisiez	que vous ayez cuit
qu'ils cuisent	qu'ils aient cuit

Imparfait	*Plus-que-parfait*
que je cuisisse	que j'eusse cuit
que tu cuisisses	que tu eusses cuit
qu'il cuisît	qu'il eût cuit
que nous cuisissions	que nous eussions cuit
que vous cuisissiez	que vous eussiez cuit
qu'ils cuisissent	qu'ils eussent cuit

IMPÉRATIF

Présent	*Passé*
cuis	aie cuit
cuisons	ayons cuit
cuisez	ayez cuit

INFINITIF

Présent	*Passé*
cuire	avoir cuit

PARTICIPE

Présent	*Passé*
cuisant	cuit
	ayant cuit

GÉRONDIF

Présent	*Passé*
en cuisant	en ayant cuit

• Forme surcomposée : *j'ai eu cuit* (→ Grammaire, § 92, 133).

• Se conjuguent sur ce modèle **conduire, construire, luire, nuire** et leurs composés (→ tableau 22). Noter les participes passés invariables : *lui, nui.*

• Pour **reluire** comme pour **luire**, le passé simple *je (re)luisis* est supplanté par je *(re)luis… ils (re)luirent.*

GRAMMAIRE DU VERBE

Définitions

En français, comme dans les autres langues, les mots se répartissent entre plusieurs classes : à côté du verbe, on trouve le nom, l'adjectif, l'adverbe, la préposition, etc. Le verbe français, qui se distingue de façon particulièrement nette du nom, présente différents caractères.

89 Qu'est-ce que la conjugaison ?

Le verbe comporte un grand nombre de formes différentes, qui sont énumérées par la *conjugaison*. Ces différences de formes servent à donner des indications relatives à la personne, au nombre, au temps et à l'aspect, au mode et à la voix.

Différentes à l'oral et à l'écrit, les formes *il travaille, nous travaillions, ils travaillèrent, travaillez ! qu'il travaillât* sont également différentes par les informations qu'elles donnent.

90 Qu'est-ce que la fonction verbale ?

Dans une phrase, il est à peu près indispensable d'employer un verbe. Si on le supprime, les autres mots sont privés de lien entre eux, et il devient difficile d'attribuer un sens à l'ensemble qu'ils constituent.

Le professeur enseigne la grammaire aux élèves.

Cette phrase devient incompréhensible si on supprime le verbe *enseigne.* La *fonction verbale* peut, dans certains cas, se trouver réalisée sans la présence d'un verbe. Les phrases sans verbe sont appelées *phrases nominales.*

Mon ami Paul, quel champion !

91 Qu'est-ce que la notion de temporalité ?

Les réalités désignées par le verbe ont la propriété de se dérouler dans le temps.

Le sapin pousse plus vite que le chêne.

Les objets désignés par les noms *sapin* et *chêne* sont considérés comme stables dans le temps. Au contraire, le processus désigné par le verbe *pousser* se déroule dans le temps. Il est par exemple possible, en utilisant la conjugaison, de le présenter comme non accompli, dans l'exemple choisi, où le verbe est au présent. Mais on peut le présenter comme accompli dans la phrase ci-dessous, où le verbe est au passé composé :

Le sapin a poussé plus vite que le chêne.

Les différents types de verbes

Le classement qui est présenté ici tient compte du sens et de la fonction du verbe.

92 Qu'est-ce qu'un verbe auxiliaire ?

Les deux verbes *être* et *avoir* présentent une particularité qui les distingue des autres verbes de la langue. On peut les utiliser de deux façons différentes.

A *Être* et *avoir* : des verbes comme les autres

Les verbes *être* et *avoir* peuvent d'une part s'employer comme tous les autres verbes, avec le sens et la construction qui leur est propre.
Être s'utilise parfois avec le sens d'*exister* :

Et la lumière fut.

Être sert le plus souvent à introduire un attribut :

La conjugaison est amusante.   *Alfred est médecin.*
      adjectif attribut   nom attribut

Mon meilleur ami est le Président de la République.
               GN attribut

Avoir s'emploie avec un complément d'objet, et indique que le sujet « possède » ce « complément d'objet » :

J'ai sept cents livres de grammaire française.
        complément d'objet

B *Être* et *avoir* utilisés comme auxiliaires

Indépendamment de cet emploi ordinaire, *être* et *avoir* s'utilisent comme verbes *auxiliaires*. Ils servent à constituer certaines formes de la conjugaison des autres verbes, dans les conditions suivantes :

• Les formes de passif sont constituées, pour les verbes qui peuvent les recevoir, à l'aide de l'auxiliaire *être* et de leur forme simple de participe passé :

> *Le café est cultivé dans plusieurs pays d'Afrique.*
> <small>voix passive</small>

• Les formes composées de tous les verbes sont constituées à l'aide d'un des deux auxiliaires *être* et *avoir* et de la forme simple du participe passé :

> *Paul est parti pour Nouakchott, mais est arrivé à Conakry.*
> <small>passé composé   passé composé</small>
>
> *Jacques avait mangé, mais n'avait rien bu*
> <small>plus-que-parfait   plus-que-parfait</small>

• Les formes composées passives utilisent les deux auxiliaires : *être* pour le passif, *avoir* pour la forme composée :

> *Paul a été reçu à son examen.*
> <small>passé composé passif</small>

• Les formes surcomposées utilisent un auxiliaire lui-même composé à l'aide d'un auxiliaire :

> *Dès que Paul a eu fini son travail, il est parti.*

• Les formes surcomposées passives — à vrai dire d'emploi très rare — utilisent l'auxiliaire *être* pour le passif et l'auxiliaire *avoir* lui-même composé, en sorte qu'il y a trois auxiliaires successifs, dont deux au participe passé :

> *Dès que le Président a eu été opéré, il a repris ses responsabilités.*

C Comment emploie-t-on *être* dans les formes composées ?

• *Être* est l'auxiliaire des verbes intransitifs (→ § 95) qui marquent un déplacement ou un changement d'état aboutissant à son terme. Ainsi, *aller, arriver, devenir, entrer, mourir,* etc., se construisent avec *être* :

> *Il est arrivé à Paris et il est devenu célèbre.*

• *Être* est également l'auxiliaire des verbes construits de façon pronominale (→ § 105 et 127) :

> *Elle s'est soignée, puis elle s'est lavé les mains.*

Pour l'accord du participe → § 123 à 133.

D Comment emploie-t-on *avoir* dans les formes composées ?

Avoir est l'auxiliaire de tous les verbes qui n'utilisent pas l'auxiliaire *être*, notamment les verbes transitifs (→ § 96).

Le verbe *être* utilise l'auxiliaire *avoir* :

> *L'accident a été très grave.*
> passé composé du verbe être

Le verbe *avoir* s'utilise lui-même comme auxiliaire :

> *Le livre a eu beaucoup de succès.*
> passé composé du verbe avoir

Pour les verbes qui font alterner les deux auxiliaires, se reporter au tableau 3.

E Le verbe *être* : le verbe le plus fréquemment employé

Comme auxiliaire, le verbe *avoir* est plus fréquent que le verbe *être*. Cependant, les emplois du verbe *être* comme verbe ordinaire (non auxiliaire) sont nettement plus fréquents que ceux du verbe *avoir* en sorte que, tout compte fait, c'est le verbe *être* qui est, juste avant *avoir*, le verbe le plus fréquent de la langue française. C'est pourquoi le tableau de sa conjugaison apparaît en première place.

93 Qu'est-ce qu'un semi-auxiliaire ?

Il est commode de considérer comme semi-auxiliaires les sept verbes suivants : *aller* et *venir* ; *devoir, pouvoir, savoir* et *vouloir* ; *faire*.

F Emplois de *aller* et *venir*

Aller et *venir*, suivis de l'infinitif d'un verbe, servent à former les *périphrases verbales temporelles* marquant le futur proche et le passé récent :

> *Je vais partir.*   *Je viens d'arriver.*
> futur proche   passé récent

G Emplois de *devoir, pouvoir, savoir* et *vouloir*

Certains verbes servent à « modaliser » le verbe à l'infinitif qui les suit. Il s'agit de *devoir*, qui marque la nécessité, et parfois la probabilité, de *pouvoir*, qui marque la possibilité, de *savoir*, marque de la compétence, enfin de *vouloir*, marque de la volonté. On parle dans ce cas de *périphrases verbales modales*.

> *Il doit travailler, mais il veut se reposer.*
> *Il sait lire, mais il ne peut pas écrire.*

H Emplois de *faire*

Faire sert à constituer, avec l'infinitif qui le suit, la *périphrase verbale factitive*, par laquelle le sujet n'exécute pas lui-même l'action, mais la fait exécuter par quelqu'un d'autre :

Alexandre Dumas faisait parfois écrire ses livres par d'autres auteurs.

Employé avec un pronom personnel réfléchi, *faire* constitue, avec le verbe à l'infinitif qui le suit, une *périphrase verbale passive* :

Mon ami s'est fait renvoyer du lycée.

Faire a en outre la propriété de remplacer un autre verbe, comme un pronom remplace un nom :

Il travaille plus qu'il ne l'a jamais fait. (fait = travaillé)

94 Qu'est-ce qu'un verbe d'action et un verbe d'état ?

Un très grand nombre de verbes désignent une action effectuée par un sujet : *travailler, manger, marcher, aller, monter*… sont des verbes d'action.

Beaucoup moins nombreux, d'autres verbes indiquent l'état dans lequel se trouve le sujet. Dans la plupart des cas, les verbes d'état servent à introduire un attribut : ce sont des verbes *attributifs* (→ § 99).

Cependant, le verbe *exister* est un verbe d'état, mais ne peut pas introduire un attribut. Le verbe *être* est parfois utilisé, sans attribut, avec le sens d'*exister*, notamment dans l'expression impersonnelle *il était une fois* :

Il était une fois un roi très puissant.

95 Qu'est-ce qu'un verbe intransitif ?

Certains verbes d'action désignent des processus qui ne s'exercent pas sur un objet : *aller, dormir, marcher, mugir* … Ces verbes sont dits *intransitifs* : ils ne peuvent pas avoir de complément d'objet — ce qui ne les empêche pas d'avoir des compléments circonstanciels :

Ils marchent vers Paris
CC de lieu

96 Qu'est-ce qu'un verbe transitif ?

D'autres verbes d'action sont généralement pourvus d'un complément qui désigne l'objet sur lequel s'exerce l'action verbale, quelle que soit la nature de cette action. Ces verbes sont dits *transitifs*.

Paul construit sa maison
complément d'objet

97 Qu'est-ce qu'un verbe transitif direct ?

Pour certains de ces verbes, le complément d'objet est construit « directement », c'est-à-dire sans préposition :

Les abeilles produisent le miel, les termites détruisent les maisons.
            COD du verbe *produire*   COD du verbe *détruire*

Si on met le verbe à la voix passive, le complément d'objet en devient le sujet :

Le miel est produit par les abeilles.
  sujet

▶ On prendra spécialement garde à ne pas confondre le complément d'objet direct avec les compléments circonstanciels construits directement :

Il boit la nuit, il mange le jour.
    CC de temps   CC de temps

Toutefois, ces compléments circonstanciels se distinguent des compléments d'objet par la propriété qu'ils ont de pouvoir se placer devant le groupe constitué par le verbe et son sujet :

La nuit il boit, le jour il mange.

En outre, ils n'ont pas la possibilité de devenir sujets du verbe passif : **la nuit est bue par lui* est une phrase impossible.

98 Qu'est-ce qu'un verbe transitif indirect ?

Pour d'autres verbes, le complément d'objet est introduit par une préposition, généralement *à* ou *de* : ces verbes sont appelés *transitifs indirects*.

Elle ressemble à sa mère, elle parle de linguistique.
    COI du verbe *ressembler*   COI du verbe *parler*

99 Qu'est-ce qu'un verbe attributif ?

La plupart des verbes d'état introduisent un nom ou un adjectif qui indiquent une caractéristique du sujet :

Pierre est content : il deviendra pilote de ligne.
       adjectif   nom

Ces verbes sont dits *attributifs*, car ils introduisent un attribut du sujet. Les verbes attributifs sont le verbe *être* et ses différentes variantes modalisées : *sembler, paraître, devenir, rester...*

100 Qu'est-ce qu'un verbe perfectif ? Qu'est-ce qu'un verbe imperfectif ?

Les verbes perfectifs désignent une action qui ne peut pas continuer à se dérouler au-delà d'une limite impliquée par le sens même du verbe : on ne peut pas continuer à *arriver* ou à *trouver* quand on *est arrivé* à son but ou qu'on *a trouvé* ce qu'on cherchait.

Inversement, l'action des verbes imperfectifs peut se dérouler sans limitation : quelqu'un qui *a* déjà longtemps *marché* ou *cherché* peut toujours continuer à *marcher* ou à *chercher*.

▶ Comme le montrent les exemples cités, les verbes perfectifs et imperfectifs peuvent être selon le cas transitifs ou intransitifs. Les perfectifs intransitifs utilisent normalement l'auxiliaire *être*.

Certains verbes peuvent passer de la classe des imperfectifs à celle des perfectifs quand ils sont employés de façon transitive : *écrire* ou *construire* sont imperfectifs quand ils n'ont pas de complément d'objet, mais deviennent perfectifs quand ils en ont un. On peut *écrire* ou *construire* indéfiniment, mais *écrire une lettre* ou *construire une maison* sont des actions perfectives, qui trouvent nécessairement leur achèvement.

Les verbes attributifs sont le plus souvent imperfectifs sauf *devenir*.

On se gardera de confondre l'opposition *perfectif / imperfectif* avec l'opposition *accompli / non accompli* (→ § 103).

Les six catégories verbales

La conjugaison permet de donner des indications sur différentes notions : la personne, le nombre, le temps et l'aspect, le mode, la voix. Ces notions reçoivent le nom de *catégories verbales*. Elles se combinent entre elles pour chaque forme verbale :

Ils (elles) soignèrent.

Cet exemple relève simultanément de la personne (la 3ᵉ), du nombre (le pluriel), du temps et de l'aspect (le passé simple), du mode (l'indicatif) et de la voix (l'actif).

101 Qu'est-ce que la notion de personne ?

Les variations selon la personne sont spécifiques au verbe et au pronom personnel. C'est l'accord avec le sujet qui confère au verbe les marques de l'accord (→ § 107 et 108). Elles servent à indiquer la personne (ou, d'une façon plus générale, l'être) qui effectue l'action désignée par le verbe.

Je travaille. Nous travaillons.

La première personne *je* n'est autre que celle qui parle : c'est elle qui est le sujet du verbe. Le mot *je* a donc la propriété d'indiquer à la fois la personne qui parle et le sujet du verbe.

La deuxième personne *tu* est celle à laquelle on s'adresse. Le mot *tu* désigne donc à la fois la personne à qui l'on parle et le sujet du verbe. Dans ces deux premiers cas, le sujet est toujours un pronom personnel, même si on peut lui apposer un nom, commun ou propre :

Toi, Paul, tu connais beaucoup de pays.
nom apposé   pronom personnel sujet

La troisième personne *il* indique que le sujet du verbe ne participe pas à la communication qui s'établit entre les deux premières personnes : elle est en quelque sorte absente, et on lui donne parfois le nom de *non-personne*.

À la différence des deux premières personnes, qui sont des êtres humains (ou humanisés, par exemple quand on fait parler un animal ou qu'on s'adresse à un objet), la troisième personne peut indifféremment désigner un être animé ou un objet non animé. Le sujet du verbe à la 3e personne est selon le cas un pronom personnel de la 3e personne, un nom ou un pronom d'une autre classe que celle des personnels :

Il (elle) sourit.   Le lac est agité.   Tout est fini.
pronom personnel   nom commun   pronom indéfini

Qu'est-ce qu'un verbe impersonnel ?

C'est aussi à la troisième personne qu'on emploie les verbes impersonnels conjugués. À proprement parler, ils n'ont pas de sujet : est-il vraiment possible de repérer le véritable sujet de *il pleut* ? Mais la conjugaison française exige la présence d'un pronom devant tout verbe conjugué (sauf à l'impératif et, naturellement, aux modes non personnels, → § 104). Dans certains cas, l'élément qui suit le verbe impersonnel peut être interprété comme son « sujet réel » :

Il m'arrive une étrange aventure
pronom personnel   sujet réel

102 Qu'est-ce que la notion de nombre ?

La catégorie du nombre est commune au verbe, au nom comme à ses différents adjectifs et à la plupart des pronoms. Dans le cas du verbe, le nombre est associé à la personne. C'est donc également le sujet qui détermine le nombre, par le phénomène de l'accord (→ § 108 et 120). Les variations en nombre renseignent sur la quantité des personnes ou des êtres exerçant la fonction de sujet : en français, une seule personne pour le singulier, au moins deux pour le pluriel.

je travaille   *nous travaillons*

A La spécificité de *nous*

Il faut remarquer la spécificité du pluriel de la première personne : *nous* ne désigne pas plusieurs *je* — puisque *je* est par définition unique — mais ajoute à *je* un (ou plusieurs) *tu* ainsi que, éventuellement, un ou plusieurs *il*.

B Le *vous* de politesse et le *nous* de modestie ou d'emphase

En français, c'est la 2e personne du pluriel qu'on utilise comme « forme de politesse » :

Que faites-vous, Madame ?

La première personne du pluriel est parfois utilisée par une personne unique dans un souci de modestie :

Nous ne parlerons pas de ces problèmes.

On utilise parfois le *nous* d'emphase :

Nous, préfet du Puy-de-Dôme, prenons l'arrêté suivant.

Le *vous* de politesse et le *nous* de modestie ou d'emphase entraînent l'accord du verbe au pluriel.

103 Quelle est la différence entre le temps et l'aspect ?

Le verbe donne des indications temporelles sur les réalités qu'il désigne. Ces indications sont de deux types : le temps et l'aspect.

A Qu'est-ce que le temps ?

L'action est située dans le temps par rapport au moment où l'on parle. Ce moment, qui correspond au *présent*, sépare avec rigueur ce qui lui est antérieur (*le passé*) de ce qui lui est ultérieur (*le futur*).

L'ensemble des distinctions entre les différents moments où l'action peut se réaliser reçoit en grammaire française le nom de *temps*, nom qui est également utilisé pour désigner chacune des séries de formes telles que le présent, l'imparfait, le futur.

B Qu'est ce que l'aspect ?

Le déroulement de l'action est envisagé en lui-même, indépendamment de sa place par rapport au présent. Ces indications sur la façon dont l'action se déroule constituent la catégorie de l'*aspect*.

On indique par exemple si les limites temporelles de l'action sont prises en compte ou ne le sont pas.

> *Alfred travailla*   *Alfred travaillait.*
> passé simple   imparfait

Dans ces deux phrases, l'action est située dans le passé. Cependant, les deux phrases ont un sens différent. Dans la première, l'action de *travailler* est envisagée comme limitée : on pourrait préciser le moment où elle a commencé et celui où elle a fini. La seconde phrase au contraire ne s'intéresse pas aux limites temporelles de l'action. On parle dans ce cas de valeur aspectuelle *limitative* (pour le passé simple) et *non limitative* (pour l'imparfait).

On peut aussi indiquer si l'action est en cours d'accomplissement, c'est-à-dire *non accomplie*, ou si elle est totalement *accomplie*. Dans les phrases suivantes, le verbe au présent indique que l'action est en cours d'accomplissement.

> *Quand on est seul, on déjeune vite.*
>
> *En ce moment, les élèves terminent leur travail.*

Au contraire, dans les phrases :

> *Quand on est seul, on a vite déjeuné*
>
> *En ce moment, les élèves ont terminé leur travail.*

le passé composé ne situe pas l'action dans le passé, mais indique qu'au moment où on parle, l'action est accomplie.

▶ L'une des particularités — et, incontestablement, des difficultés — de la conjugaison française est que, contrairement à ce qui s'observe dans d'autres langues, les indications de temps et d'aspect y sont fréquemment données par les mêmes formes, dans des conditions particulièrement complexes. Ainsi, le passé composé a tantôt une valeur aspectuelle d'accompli de présent, tantôt une valeur temporelle de passé. C'est cette particularité qui explique que la catégorie de l'aspect a pu longtemps passer à peu près ou complètement inaperçue, par exemple dans les grammaires scolaires.

104 Qu'est-ce que le mode ?

La catégorie du *mode* regroupe les *modes personnels*, qui comportent la catégorie de la *personne* (→ § 101) et les *modes impersonnels*, qui ne la comportent pas.

A Les modes personnels : indicatif, subjonctif, impératif

En français, les modes personnels sont au nombre de trois : l'indicatif, le subjonctif et l'impératif. Ils comportent une flexion en personnes, complète pour les deux premiers, incomplète pour l'impératif, qui n'a pas de 3e personne, et ne connaît la première personne qu'au pluriel.

Le conditionnel, longtemps considéré comme un mode spécifique, est aujourd'hui rattaché à l'indicatif, pour des raisons de forme et de sens.

▶ Les tableaux de conjugaison du *Bescherelle* placent le conditionnel du côté de l'indicatif, mais, pour des raisons de tradition, lui conservent son nom et l'isolent de l'indicatif.

B Les modes impersonnels

Les modes impersonnels sont au nombre de trois : l'infinitif, le participe et le gérondif. Ils permettent notamment de conférer au verbe des emplois généralement réservés à d'autres classes.

105 Qu'est-ce que la voix (voix active, voix passive et construction pronominale) ?

A Définition

La catégorie de la *voix* — on dit parfois, avec le même sens, *diathèse* — permet d'indiquer de quelle façon le sujet prend part à l'action désignée par le verbe.

B Qu'est-ce que la voix active ?

Quand le verbe est à la *voix active*, le sujet est l'*agent* de l'action, c'est-à-dire qu'il l'effectue :

Le gros chat dévore *les petites souris.*

C Qu'est-ce que la voix passive

La *voix passive* indique que le sujet est le *patient* de l'action, c'est-à-dire qu'il la subit : *Les petites souris* sont dévorées *par le gros chat.*

Le complément d'objet d'un verbe à la voix active (*les petites souris*) en devient le sujet quand on fait passer le verbe à la voix passive. De son côté, le sujet du verbe actif (*le gros chat*) devient le complément d'agent du verbe passif (*par le gros chat*).

D Quels sont les verbes qui peuvent être à la voix passive ?

La catégorie de la voix passive ne concerne que les verbes transitifs directs. Les autres verbes (transitifs indirects, intransitifs, attributifs : → § 95, 98, 99) n'ont pas de forme passive.

Toutefois, quelques rares verbes transitifs indirects (notamment *obéir*, *désobéir* et *pardonner*) peuvent s'employer au passif : *vous serez pardonnés*.

▶ *Voix et aspect*

Le passage de la voix active à la voix passive (on dit parfois la *transformation passive* ou la *passivation*) a des effets différents sur la valeur aspectuelle (accompli, non accompli) des verbes. La phrase :

> Les vieillards *sont respectés*

conserve la valeur de non accompli de :

> On *respecte* les vieillards.

Au contraire,

> La maison de la culture *est construite*.

prend la valeur d'accompli, en contraste avec la forme active correspondante :

> On *construit* la maison de la culture.

qui relève du non accompli.

Toutefois, l'adjonction d'un complément d'agent permet à la phrase passive de retrouver la valeur de non accompli. La phrase :

> La maison de la culture *est construite par des ouvriers étrangers*

a la même valeur de non accompli que la phrase active correspondante :

> Des ouvriers étrangers *construisent* la maison de la culture.

Cette différence de traitement est en relation avec la répartition des verbes entre verbes perfectifs et imperfectifs (→ § 100).

E Quelle est la valeur passive de la construction pronominale ?

Contrairement à d'autres langues, le français ne connaît que les deux voix active et passive.

La construction pronominale consiste à donner au verbe un complément sous la forme du pronom personnel réfléchi :

> Elle *se promène dans le parc*.

Toutefois, cette construction permet dans certains cas d'obtenir des valeurs très voisines de la voix :

> *Ce livre se vend bien.*
> construction pronominale

Le verbe employé de façon pronominale prend une valeur passive, sans toutefois pouvoir recevoir un complément d'agent. C'est l'existence de cette valeur passive qui a incité certains grammairiens à parler de *voix pronominale.*

F Qu'est-ce que la valeur réfléchie de la construction pronominale ?

Le sujet exerce l'action sur lui-même. Il peut être l'objet de l'action :

> *L'étudiant se prépare à l'examen.* (= il prépare lui-même)

Ou en être le bénéficiaire :

> *Il se prépare un avenir radieux.* (= il prépare un avenir radieux pour lui)

G Qu'est-ce que la valeur réciproque de la construction pronominale ?

Elle s'observe dans le cas d'un sujet au pluriel. Les agents exercent l'action les uns sur les autres, en qualité soit d'objets :

> *Deux pigeons s'aimaient d'amour tendre.*

soit de bénéficiaires :

> *Les étudiants s'échangent leurs informations.*

H Qu'est-ce qu'un verbe essentiellement pronominal ?

Certains verbes s'emploient exclusivement avec la construction pronominale. Ce sont les verbes essentiellement pronominaux, tels que *s'absenter, s'abstenir, s'arroger, se désister, s'évanouir, se repentir, se souvenir…*

106 Qu'est-ce que la syntaxe ?

Étudier la *syntaxe* du verbe, c'est décrire les relations que le verbe entre-tient, dans le discours et spécifiquement dans la phrase, avec les diffé-rents éléments de son entourage. La morphologie, comme on l'a vu dans le chapitre précédent, étudie les formes verbales *isolément*. La syn-taxe, au contraire, s'intéresse non seulement au verbe lui-même, mais aussi à tous les éléments qui entrent en relation avec lui.

Dans ces conditions, le champ de la syntaxe du verbe est très étendu : il comprend par exemple l'étude des différents *compléments* du verbe, quelle que soit la nature de ces compléments : noms, adverbes, propositions, etc.

Compte tenu des visées spécifiques de cet ouvrage et de ses limites, on n'a retenu de la syntaxe du verbe que les problèmes qui entraînent pour les formes verbales des variations, notamment orthographiques. Il s'agit des phénomènes d'*accord*.

107 Qu'est-ce que l'accord ? Analyse d'un exemple

Le petit garçon promène son chien.

Dans cette phrase, le nom *garçon* comporte plusieurs catégories mor-phologiques. Il possède par lui-même le *genre masculin*. Il est utilisé au *singulier, nombre* qu'on emploie quand la personne ou l'objet dont on parle est unique. Il relève enfin de la 3ᵉ *personne* : on pourrait le remplacer par le pronom personnel de 3ᵉ personne *il*.

Ces trois catégories morphologiques possédées par le nom *garçon* se communiquent aux éléments de la phrase qui entrent en relation avec lui. L'article *le* et l'adjectif *petit* prennent les marques des deux catégories du *genre masculin* et du *nombre singulier*, mais non celle de la 3ᵉ *personne*, parce qu'ils ne peuvent pas marquer cette catégorie. De son côté, le verbe prend les marques de la 3ᵉ *personne* et du *nombre singulier*, mais non celle du *genre masculin*, parce qu'il ne peut pas marquer cette catégorie.

108 Comment accorder le verbe avec son sujet ?

Les formes personnelles du verbe s'accordent en personne et en nombre avec leur sujet :

*Les **élèves** **travaillent** ; nous, nous **ne faisons** rien.*
3ᵉ pers. pl.   3ᵉ pers. pl.   1ʳᵉ pers. pl.   1ʳᵉ pers. pl.

A Accord en personne

Le verbe ne s'accorde à la première et à la deuxième personnes que lorsque le sujet est un pronom personnel de l'une de ces deux personnes (*je* et *tu* pour le singulier, *nous* et *vous* pour le pluriel) :

*Je   **suis** grammairien.*
1ʳᵉ pers. sing.   1ʳᵉ pers. sing.

*Tu   **as** de bonnes notions de conjugaison.*
2ᵉ pers. sing.   2ᵉ pers. sing.

*Nous   **adorons** la syntaxe.*
1ʳᵉ pers. pl.   1ʳᵉ pers. pl.

*Vous   **avez** horreur de la morphologie.*
2ᵉ pers. pl.   2ᵉ pers. pl.

Tous les autres types de sujet (nom commun introduit par un déterminant, nom propre, pronom autre que *je*, *tu*, *nous* ou *vous*, verbe à l'infinitif…) entraînent l'accord à la 3ᵉ personne :

*Paul   **frémit** en pensant au participe.*
nom propre   3ᵉ pers.

*Personne **ne peut** négliger l'orthographe.*
pronom ind.   3ᵉ pers.

*Fumer   **est** dangereux pour la santé.*
infinitif   3ᵉ pers.

B Accord en nombre

Pour le nombre, le sujet au singulier détermine l'accord au singulier, le sujet au pluriel l'accord au pluriel :

*La grammaire   **est** vraiment passionnante.*
sujet singulier   verbe singulier

*Les élèves   **travaillent**.*
sujet pluriel   verbe pluriel

*Ils   **se moquent** des problèmes d'accord.*
sujet pluriel   verbe pluriel

*Certains   **préfèrent** le caviar au foie gras.*
sujet pluriel   verbe pluriel

▶ Le *vous* de politesse comme le *nous* de modestie ou d'emphase entraînent l'accord du verbe au pluriel.

109 Comment accorder le verbe avec le pronom relatif ?

Le pronom relatif *qui* peut avoir pour antécédent un pronom personnel de la première ou de la deuxième personne. Dans ce cas, l'accord en personne se fait avec le pronom personnel :

> C'est moi   qui   ai raison ; c'est toi   qui   as tort.
> <small>antécédent   1ʳᵉ pers.   1ʳᵉ pers.   antécédent   2ᵉ pers.   2ᵉ pers.</small>

Toutefois, les expressions telles que *le premier (la première) qui, le seul (la seule) qui, celui (celle) qui*, dépendant d'un verbe à la première ou à la deuxième personne, acceptent l'accord à la troisième :

> Je suis *le premier qui* ai/a écrit sur ce sujet.
> <small>1ʳᵉ pers.   1ʳᵉ ou 3ᵉ pers.</small>

> Tu es *celle qui* m'as/m'a aimé.
> <small>2ᵉ pers.   2ᵉ ou 3ᵉ pers.</small>

Pour *un (une) des (…) qui*, il faut, pour faire correctement l'accord, repérer si l'antécédent de *qui* est le pronom singulier *un* ou le nom au pluriel qui en est le complément :

> C'est un des élèves *qui* a remporté le prix. <small>(= un seul élève a remporté le prix)</small>

> C'est un des meilleurs livres *qui* aient été publiés. <small>(beaucoup de livres ont été publiés)</small>

110 Comment accorder le verbe avec les titres d'œuvres ?

Les titres d'œuvres (littéraires, picturales, musicales, cinématographiques, etc.) constitués par un nom au pluriel déterminent l'accord au singulier ou au pluriel, selon des variables très complexes :

> Les Pensées *de Pascal sont admirables, les* Harmonies *poétiques se laissent encore lire.*

Mais :

> Les enfants du Paradis *est* (plutôt que *sont*) *l'un des meilleurs films de tous les temps.*

> Les dieux ont soif *est* (à l'exclusion de *sont*) *le meilleur roman d'Anatole France.*

111 Comment accorder avec les noms collectifs ?

Les noms tels que *foule, multitude, infinité, troupe, masse, majorité…* ainsi que les approximatifs *dizaine, douzaine, vingtaine, centaine…* sont morphologiquement au singulier, mais désignent une pluralité d'êtres ou d'objets.

Quand ils sont utilisés seuls, ils déterminent l'accord au singulier :

La foule se déchaîne.

Mais quand ils sont déterminés par un nom au pluriel, ils peuvent faire apparaître l'accord du verbe au pluriel :

Une foule de manifestants se déchaîne ou se déchaînent
       nom pluriel   singulier   pluriel

C'est ce qu'on appelle la *syllepse de nombre*.

112 Comment accorder avec les noms de fractions ?

Les fractions marquées par un nom tel que *la moitié, le tiers, le quart* sont au singulier, mais visent évidemment, quand elles s'appliquent à des êtres ou des objets distincts, plusieurs de ces êtres ou de ces objets : *la moitié des députés, le tiers des candidats.*

Les expressions de ce genre déterminent généralement, toujours par syllepse, l'accord au pluriel :

La moitié des députés sortants ont été battus.
            pluriel   pluriel

On trouve même parfois, après la suppression du complément au pluriel lorsqu'il est connu par le contexte, des accords du type :

La moitié ont été battus.
            pluriel

▶ Toutefois, le singulier reste à la rigueur possible, même avec le complément au pluriel :

Le tiers des députés sortants a été battu.

Quand le complément de ces fractions désigne une matière où l'on ne peut pas reconnaître d'unités distinctes, l'emploi du pluriel est absolument exclu :

La moitié de la récolte a pourri sur place.

113 Comment accorder en cas d'indication de pourcentage ?

Le cas des indications de pourcentage est légèrement différent de celui des fractions. En effet, les expressions telles que 29 % sont par elles-mêmes au pluriel.

*29 % des députés sortants a été battu est une phrase très peu vraisemblable.

Inversement, l'accord au pluriel est possible, même quand le complément désigne une matière indistincte : *29 % de la récolte ont été perdus.*

114 Comment accorder avec les adverbes de quantité (*beaucoup, trop, peu...*) ?

Il s'agit de *beaucoup, peu, pas mal, trop, peu, assez, plus, moins, tant, autant*, de l'interrogatif (et exclamatif) *combien*, de l'exclamatif *que* et de quelques autres. Ces adverbes sont souvent complétés par un nom au pluriel :

> *beaucoup d'élèves*
> nom pluriel
>
> *pas mal d'élèves*
> nom pluriel

Ils ont alors le même sens qu'un article au pluriel (*pas mal d'élèves = des élèves*) et imposent au verbe l'accord au pluriel :

> *Peu de candidats ont échoué : moins de cent s'étaient présentés.*

Sans complément, certains de ces adverbes – mais non tous – conservent cette propriété : *peu ont échoué* reste possible, mais **moins s'étaient présentés* est impossible.

▶ *La plupart*, même avec un complément au pluriel, garde la possibilité de l'accord au singulier : *La plupart des élèves travaillent* ou *travaille*.

Bizarrement, *plus d'un* exige l'accord au singulier, et *moins de deux* le pluriel : *Plus d'un est venu, moins de deux sont repartis.*

115 Comment accorder en cas de verbes impersonnels ?

Le problème tient ici à l'absence de véritable sujet, au sens d'agent de l'action : où est, en ce sens, le sujet de *il pleut* ou de *il fallait* ? Le français a réglé le problème en imposant aux verbes impersonnels le pronom de la 3e personne du singulier (→ § 101) et, nécessairement, l'accord au singulier. Cet accord au singulier se maintient même quand le verbe est pourvu d'un « sujet réel » au pluriel :

> *Il pleut des hallebardes.*
> sujet réel pluriel

116 Comment accorder le verbe avec plusieurs sujets de même personne ?

Il est très fréquent qu'un verbe ait pour sujets plusieurs noms, communs ou propres, ou plusieurs pronoms coordonnés ou juxtaposés. Le principe général est que le verbe muni de plusieurs sujets (c'est-à-dire, en français, au moins deux) s'accorde au pluriel :

Le général et le colonel ne s'entendent pas bien.
singulier   singulier   pluriel

Ferdinand et René ont fait de la linguistique.
singulier   singulier pluriel

Celui-ci et celui-là travailleront correctement.
singulier   singulier   pluriel

Elle et lui ne font rien.
singulier   singulier   pluriel

▶ *Cas particulier d'archaïsme.* On fait parfois l'accord avec un seul des sujets, même quand ils sont de sens très différent :

Leur sommeil et leur réveil en fut tout parfumé. ANATOLE FRANCE
    sujet   sujet

Le cas de *l'un et l'autre*, qui continue dans certains cas à déterminer l'accord au singulier (*l'un et l'autre se dit* ou *se disent*), entre dans cette catégorie.

117 Comment accorder avec des sujets coordonnés par *ou* et *ni… ni* ?

Ces deux cas ne semblent pas poser de problème : il y a au moins deux sujets, et l'accord au pluriel paraît s'imposer. Cependant, certains grammairiens présentent les raisonnement suivants :

A Sujets coordonnés par *ou*

Coordonnés par *ou*, les deux sujets entraînent l'accord au singulier quand *ou* est exclusif. On fera donc l'accord au singulier pour :

Une valise ou un gros sac m'est indispensable.
(= un seul des deux objets, à l'exclusion de l'autre, m'est indispensable)

On fera l'accord au pluriel pour :

Une valise ou un sac faciles à porter ne se trouvent pas partout.
(= les deux objets sont également difficiles à trouver)

Malgré sa subtilité et la difficulté de son application pratique, ce raisonnement est acceptable. Il laisse d'ailleurs une trace dans l'accord avec *l'un ou l'autre* et *tel ou tel*, qui se fait le plus souvent au singulier, le *ou* y étant exclusif.

B Sujets coordonnés par *ni… ni*

Coordonnés par la conjonction de sens négatif *ni… ni*, aucun des deux sujets n'est en mesure d'effectuer l'action du verbe, qui devrait donc rester au singulier :

Ni Henri V ni Charles XI n'a été roi.
    sujet   sujet   singulier

Ce raisonnement est discutable : si on le suivait totalement, on s'interdirait d'accorder au pluriel les verbes des phrases négatives, où les sujets n'effectuent pas réellement l'action. Dans la pratique, on peut, à sa guise, faire l'accord au singulier ou au pluriel.

▶ L'expression *ni l'un ni l'autre* entraîne alternativement l'accord au singulier et au pluriel : *ni l'un ni l'autre ne travaille* ou *ne travaillent*.

118 Comment accorder avec des sujets unis par *comme, ainsi que, de même que, autant que, au même titre que…* ?

L'accord se fait au pluriel quand l'expression qui unit les sujets a la fonction d'une coordination :

Le latin <u>comme</u> le grec ancien sont des langues mortes. (= le latin et le grec)
     pluriel

L'accord au singulier indique que l'expression qui unit les termes conserve sa valeur comparative. C'est notamment ce qui se produit dans les cas d'incises isolées par des virgules :

Mexico, <u>au même titre que Tokyo et São Paulo</u>, est une mégapole.
                                          singulier

119 Comment accorder avec des sujets désignant le même objet ou la même personne ?

Si les sujets sont de sens absolument distinct, mais désignent le même objet ou la même personne, l'accord se fait au singulier :

Le Premier Ministre et le Président du Conseil peut être le même homme.
     sujet   sujet   singulier

C'est l'année où mourut mon oncle et (mon) tuteur
          singulier   sujet   sujet

Dans le deuxième exemple, il est possible de ne pas répéter le déterminant devant le second sujet : *mon oncle et tuteur*.

Si les sujets sont de sens apparenté et s'appliquent à la même réalité, l'accord au singulier est le plus fréquent.

La joie et l'allégresse s'empara de lui. (= synonymie)

L'irritation, le courroux, la rage avait envahi son cœur. (= gradation)

120 Comment accorder avec plusieurs sujets à l'infinitif ?

Une suite de plusieurs infinitifs sujets détermine normalement l'accord au singulier. Mais on trouve parfois le pluriel :

Manger, boire et dormir est agréable.

Manger, boire et dormir sont permis.

▶ Pour la plupart des cas difficiles d'accord (→ § 110 à 119) qui viennent d'être décrits, l'arrêté de 1976 autorise les deux possibilités.

121 Comment accorder avec des sujets qui ne sont pas à la même personne ?

A Accord en nombre

Quand les différents sujets relèvent de personnes différentes, l'accord en nombre se fait également au pluriel.

B Accord en personne

La première personne prévaut sur les deux autres.

Toi et moi (nous) adorons la grammaire.

Toi, Ernest et moi (nous) passons notre temps à faire de la syntaxe.

La deuxième personne prévaut sur la troisième :

Émile et toi (vous) avez dévoré un énorme plat de choucroute.

▶ On remarque dans ces exemples la présence facultative (marquée par les parenthèses) d'un pronom personnel récapitulatif qui indique la personne déterminant l'accord.

122 Comment accorder le verbe *être* avec l'attribut (*c'était... c'étaient...*) ?

Quand le verbe *être* a pour sujet le pronom démonstratif *ce* (ou, parfois, les démonstratifs *ceci* ou *cela*, souvent précédés de *tout*) et qu'il introduit un attribut au pluriel (ou une suite d'attributs juxtaposés ou coordonnés), il peut, par exception à la règle générale d'accord du verbe, prendre la marque du pluriel, c'est-à-dire s'accorder avec l'attribut :

Ce sont eux.

Tout ceci sont des vérités.

C'étaient un capitaine, un lieutenant et un adjudant-chef.

Mais *ce sont nous,* *ce sont vous* sont impossibles.

Ce phénomène insolite d'accord avec l'attribut est légèrement archaïsant. Il était beaucoup plus fréquent aux périodes anciennes de l'histoire de la langue.

Comment accorder le participe passé ?

123 Quelques remarques sur l'accord du participe passé

La question de l'accord du participe passé donne lieu à des développements considérables, qui peuvent laisser penser qu'il s'agit d'un des points les plus importants de la langue. Pour prendre la mesure de l'intérêt du problème, il est utile de ne pas perdre de vue les remarques suivantes.

A Un problème d'orthographe

L'accord du participe passé est un phénomène à peu près exclusivement orthographique. L'accord en genre ne se fait entendre à l'oral que pour un petit nombre de participes : par exemple, *offert, offerte.* Les participes passés de loin les plus nombreux sont terminés au masculin par *-é, -i* ou *-u* et ne marquent le féminin que dans l'orthographe : *-ée, -ie, -ue.* Quant à l'accord en nombre, il n'a jamais de manifestation orale, sauf dans les cas de liaisons, eux-mêmes assez rares.

B Des règles peu respectées

Même dans les cas où l'accord en genre apparaît à l'oral, on observe fréquemment, dans la langue contemporaine, que les règles n'en sont pas observées, notamment pour l'accord du participe passé avec un complément d'objet direct antéposé.

On entend très souvent :

les règles que nous avons enfreint ou : *les fautes que nous avons commis,* au lieu des formes régulières *enfreintes* et *commises.*

C Une règle artificielle

La règle de l'accord du participe passé avec le complément d'objet antéposé est l'une des plus artificielles de la langue française. On peut en dater avec précision l'introduction ; c'est le poète Clément Marot qui l'a formulée en 1538. Marot prenait pour exemple la langue italienne, qui a, depuis, partiellement renoncé à cette règle.

D Un problème politique ?

Il s'en est fallu de peu que la règle instituée par Marot ne fût abolie par le pouvoir politique. En 1900, un ministre de l'Instruction publique courageux, Georges Leygues, publia un arrêté qui « tolérait » l'absence d'accord.

Mais la pression de l'Académie fut telle que le ministre fut obligé de remplacer son arrêté par un autre texte qui, publié en 1901, supprime la tolérance de l'absence d'accord, sauf dans le cas où le participe est suivi d'un infinitif ou d'un participe présent ou passé : *les cochons sauvages que l'on a trouvé* ou *trouvés errant dans les bois.* (→ § 131 et 132)

124 Comment accorder le participe passé employé sans auxiliaire ?

La règle générale découle du statut du participe passé : verbe transformé en adjectif, il adopte les règles d'accord de l'adjectif. Il prend donc les marques de genre et de nombre du groupe nominal dont il dépend. La règle s'applique quelle que soit la fonction du participe par rapport au groupe nominal : épithète, apposition, attribut.

> *Les petites filles assises sur un banc regardaient les voitures.*
> épithète féminin pluriel

> *Assises sur un banc, elles regardaient les voitures.*
> apposition féminin pluriel

> *Elles étaient assises sur un banc, regardant les voitures.*
> attribut féminin pluriel

Ce phénomène d'accord adjectival n'exclut naturellement pas la possibilité pour le participe d'avoir des compléments à la manière d'un verbe :

> *Expulsés par leur propriétaire, les locataires ont porté plainte.*

> *Ces jeunes personnes semblent satisfaites de leur condition*

La règle de l'accord du participe passé employé sans auxiliaire ne comporte que des exceptions apparentes.

A *Attendu, y compris, non compris, excepté, passé, supposé, vu*

Placés devant un groupe nominal (c'est-à-dire avant le déterminant du nom), ces participes passés prennent en réalité la fonction d'une préposition : ils deviennent invariables.

Vu *les conditions atmosphériques, la cérémonie est reportée.*
participe invariable   groupe nominal

B *Étant donné*

Il arrive que ce participe passé passif s'accorde. C'est qu'il est compris comme une proposition participiale avec sujet postposé :

Étant donné(es) les circonstances…
féminin pluriel

C *Ci-joint, ci-annexé, ci-inclus*

Caractéristiques de la correspondance administrative, ils obéissent en principe aux règles suivantes :
- Ils restent invariables devant le groupe nominal.

    Ci-joint la photocopie de mon chèque.
- Ils s'accordent quand ils sont placés après le nom.

    Voir la photocopie ci-jointe.
- Ils s'accordent aussi quand, même antéposés, ils sont considérés comme des attributs du nom.

    Vous trouverez ci-jointe une photocopie de mon chèque.

125 Comment accorder le participe passé employé avec *être* ? Règle générale

Employé avec l'auxiliaire *être*, le participe passé s'accorde en genre et en nombre avec le sujet du verbe. Cette règle vaut pour les verbes à la voix passive et pour les formes composées des verbes recourant à l'auxiliaire *être*.

    Voix passive : Les voyageurs <u>sont bloqués</u> sur l'autoroute par la neige.

    Voix active : Quelques jeunes filles <u>sont descendues</u> sur la chaussée.
passé composé du verbe *descendre*

▶ Le pronom *on* détermine normalement l'accord du participe au masculin singulier :

    On est arrivé.

Cependant, l'accord peut se faire au pluriel, masculin le plus souvent, féminin quand les personnes désignées par *on* sont toutes des femmes :

    On est reparties.

Plus rare, l'accord au féminin singulier indique que *on* vise une femme unique : *Alors, on est devenue bergère ?*

126 Comment accorder le participe passé employé avec *avoir* ? Règle générale

Le participe passé conjugué avec l'auxiliaire *avoir* ne s'accorde jamais avec le sujet du verbe.

Claudine n'aurait jamais fait cela.
sujet féminin   participe passé invariable

Lorsqu'il est précédé par un complément d'objet direct, le participe passé s'accorde avec ce complément :

Ces histoires, il les   *a racontées.* (*les* = histoires = *féminin pluriel*)
     complément d'objet direct   participe passé   féminin pluriel

Le participe *racontées* s'accorde en genre et en nombre avec le complément d'objet direct qui le précède, le pronom personnel *les*, lui-même représentant le nom féminin pluriel *ces histoires*.

▶ La règle d'accord du participe passé avec le complément d'objet direct antéposé s'applique somme toute peu souvent. Elle exige en effet deux conditions, finalement assez rares :

Le verbe doit avoir un complément d'objet direct, ce qui exclut les verbes intransitifs, attributifs et même les transitifs construits sans complément d'objet.

Le complément d'objet doit être placé avant le participe, ce qui ne s'observe normalement que dans les interrogatives où l'objet est placé en tête de phrase :

Quelles grammaires avez-vous consultées ?

dans les phrases où l'objet est un pronom personnel :

Je jette les grammaires dès que je les ai lues.

et dans les relatives où le pronom relatif est objet :

Les grammaires que j'ai acquises sont bien médiocres.

127 Comment accorder le participe passé des verbes pronominaux ?

A La règle

Dans la plupart des cas, on observe l'accord avec le sujet, quelle que soit la valeur de la construction pronominale :

Ils se sont lavés. (valeur réfléchie)

Elles se sont battues. (valeur réciproque)

La porte s'est ouverte d'elle-même. (valeur passive)

Ils se sont souvenus, elles se sont évanouies. (verbes essentiellement pronominaux)

B Les exceptions

• Dans la phrase suivante, l'accord avec le sujet ne se fait pas :

Elles se sont préparé une bonne soupe.

En effet, le pronom réfléchi *se* n'est pas le complément d'objet direct du verbe, mais désigne le bénéficiaire de l'action. Le complément d'objet du verbe est le nom *soupe*, comme le montre l'accord du participe passé quand le complément *soupe* est placé avant lui :

La soupe qu'elles se sont préparée était bonne.

• Les verbes tels que *se complaire, se nuire, se parler, se plaire, se succéder...* ne déterminent pas l'accord du participe :

Plusieurs reines se sont succédé.

Elles se sont plu les unes aux autres.

Comme dans le cas précédent, le pronom réfléchi n'est pas le complément d'objet du verbe : les reines n'ont pas succédé *les* reines (complément d'objet direct), elles ont succédé *aux* reines (complément d'objet indirect).

128 Comment accorder le participe passé employé avec *avoir* ? Les verbes impersonnels

Le participe passé des verbes impersonnels reste toujours invariable, même dans le cas où il est précédé par un complément évoquant formellement le complément d'objet :

les soins qu'il leur a   *fallu*
COD pluriel   participe passé invariable

A Interprétation de la règle et des exceptions

Le pronom réfléchi désigne par définition le même objet ou la même personne que le sujet. Dans *ils se sont lavés, ils*, sujet, et *se*, complément d'objet, désignent la même personne. On peut donc formuler de deux façons la règle d'accord :

1. L'accord se fait avec le sujet, comme dans les autres cas d'emploi de l'auxiliaire *être*.

2. L'accord se fait avec le complément d'objet placé avant le participe, comme avec l'auxiliaire *avoir*, dont *être* n'est ici que le substitut.

Un argument en faveur de la deuxième solution est fourni par les cas où le réfléchi n'est pas complément d'objet. Dans : *Elles se sont préparé une bonne soupe,* l'auxiliaire *être* fonctionne comme l'auxiliaire *avoir*, qui apparaîtrait si le verbe était construit sans pronom réfléchi : *Elles ont préparé une bonne soupe.*

▶ Le cas du verbe *s'arroger* est très voisin : *Elles se sont arrogé des droits immérités,* sans accord au féminin pluriel. La seule particularité de *s'arroger* est qu'il est essentiellement pronominal.

129 Comment accorder le participe passé après *en, l'* (pour *le* neutre), *combien* ?

Ces éléments à valeur pronominale ne comportent ni la catégorie du genre, ni celle du nombre. Ils sont donc en principe inaptes à déterminer l'accord du participe :

> *Des grammaires, j'en ai lu à foison !*
> participe passé invariable

> *La crise dure plus longtemps qu'on ne l'avait prévu*
> participe passé invariable

> *Combien en as-tu lu ?*
> participe passé invariable

Toutefois, on fait parfois l'accord selon le genre et le nombre des noms représentés par ces pronoms, surtout quand ces noms sont exprimés sous forme de compléments :

> *Combien de livres as-tu acheté(s) ?*

130 Comment accorder les compléments de verbes tels que *durer, peser, coûter* ?

Ces compléments ne présentent que certains traits des compléments d'objet : ainsi, ils ne peuvent pas donner lieu à la transformation passive. Placés avant un participe, ils ne déterminent pas, en principe, l'accord :

> *les heures que le voyage a duré*
> *les sommes que cela lui a coûté*

Toutefois, ces verbes ont parfois un emploi authentiquement transitif, qui déclenche l'accord :

les trois bébés que la sage-femme a pesés

On observe souvent des confusions entre ces deux types d'emplois.

131 Comment accorder le participe passé suivi d'un infinitif ?

A Participe passé d'un verbe de mouvement (*emmener, envoyer*) ou de sensation (*écouter, entendre, sentir, voir*)

les cantatrices que j'ai entendues chanter

Dans cette phrase, on fait l'accord, parce que le pronom *que*, représentant *les cantatrices*, est l'objet de *j'ai entendu(es)*.

Au contraire, dans la phrase suivante, on ne fait pas l'accord, car le pronom *que*, représentant les *opérettes*, est l'objet de *chanter*, et non d'*entendre* : *les opérettes que j'ai entendu chanter*

B Règle

On fait donc l'accord quand le complément antéposé est le complément de la forme composée avec le participe (cas des *cantatrices*). On ne fait pas l'accord quand le complément antéposé est le complément de l'infinitif (cas des *opérettes*).

Un bon moyen de distinguer les deux cas consiste à remplacer le relatif par son antécédent. On oppose ainsi *j'ai entendu les cantatrices chanter* (où *cantatrices* est bien l'objet de *j'ai entendu*) à *j'ai entendu chanter les opérettes* (où *opérettes* est bien l'objet de *chanter*).

Toutefois, les confusions restent possibles, et l'arrêté de 1976 tolère les deux possibilités dans tous les cas.

C Participe passé de *faire* ou de *laisser*

Traditionnellement, le participe passé du verbe *faire* (employé avec *avoir*) reste invariable :

Les députés que le Président a fait élire ont l'air sérieux.
masculin pluriel   COD   participe passé invariable

Cela s'explique sans doute par le fait que l'accord de *faire* au féminin se manifesterait oralement : **la petite fille que j'ai faite jouer* (on trouve parfois des exemples littéraires de cette bizarrerie).

En principe, *laisser* – dont l'accord est strictement graphique – était soumis à la même règle que les verbes de mouvement et de sensation. Le Conseil supérieur de la langue française, en 1990, en a recommandé l'invariabilité dans tous les cas, sur le modèle de *faire*. On écrira donc :

Les *musiciennes*   *que*   *j'ai laissé*   *jouer sont remarquables.*
    féminin pluriel   COD   participe passé invariable

132 Comment accorder le participe passé suivi d'un adjectif ou d'un autre participe ?

C'est en principe la règle générale qui s'applique. Le participe s'accorde avec son complément d'objet direct antéposé :

Je vous aurais crues plus scrupuleuses.

Une lettre que j'aurais préférée écrite à la main.

Elle semble toutefois encore moins observée que dans les autres cas.

• On a vu plus haut que l'arrêté de 1901 conservait dans ce cas la tolérance du non-accord.

133 Comment accorder les participes passés des formes surcomposées ?

En principe, c'est seulement le second participe passé qui s'accorde, le premier (nécessairement *eu*) restant invariable :

Dès que je les ai eu tués, j'ai plumé mes canards.

▶ On trouve quelques rares exemples d'accord de *eu(es)* chez certains écrivains.

INDEX GRAMMATICAL

Les numéros font référence aux paragraphes

LISTE ALPHABÉTIQUE DES VERBES

Les numéros font référence aux tableaux

A

7 abaisser T, P
7 abandonner T, P
20 abasourdir T
20 abâtardir T, P
60 abattre I, T, P
7 abdiquer I, T
20 abêtir T, P
7 abhorrer T
7 abîmer T, P
7 abjurer I, T
20 abolir T
7 abominer T
7 abonder I
7 abonner T, P
7 aborder I, T, être ou
   avoir, P
7 abouter T
20 aboutir I, Ti, être ou
   avoir
18 aboyer I, T
7 abraser T, P
15 abréger T, P
7 abreuver T, P
7 abriter T, P
9 abroger T
20 abrutir T, P
7 s'absenter P
7 absorber T, P
78 absoudre T
24 s'abstenir P
66 abstraire T, D, P
7 abuser T, Ti, P
7 accabler T
7 accaparer T
7 accastiller T
11 accéder Ti

11 accélérer I, T, P
7 accentuer T, P
7 accepter T, Ti, P
7 accessoiriser T
7 accidenter T
7 acclamer T
7 acclimater T, P
7 accoler T, P
7 accommoder T, P
7 accompagner T, P
20 accomplir T, P
7 accorder T, P
7 accoster T, P
7 accoter T, P
7 accoucher I, T, Ti, être
   ou avoir, P
7 accoupler T, P
34 accourir I, être ou avoir
7 accoutrer T, P
7 accoutumer T, P
7 accréditer T, P
7 accrocher I, T, P
73 accroître T, Ti, être ou
   avoir, P
20 s'accroupir P
29 accueillir T
7 acculer T
7 accumuler I, T, P
7 accuser T, P
7 achalander T
7 acharner T, P
7 acheminer T, P
13 acheter I, T, P
10 achever T, P
7 achopper Ti, P
16 acidifier T, P
7 aciduler T
7 s'acoquiner P

25 acquérir T, P
8 acquiescer I, Ti
7 acquitter T, P
7 actionner T
7 activer I, T, P
7 actualiser T
7 adapter T, P
7 additionner T, P
11 adhérer Ti
7 adjectiver T
63 adjoindre T, P
9 adjuger T
7 adjurer T
61 admettre T
7 administrer T
7 admirer T, P
7 admonester T
7 adonner I, P
7 adopter T
7 adorer T, P
7 adosser T, P
20 adoucir T, P
7 adresser T, P
7 adsorber T
7 aduler T
24 advenir I, être, D, seul
   inf. et 3e pers.
11 aérer T, P
7 affabuler I, T
20 affadir T, P
20 affaiblir T, P
7 s'affairer P
7 affaisser T, P
7 affaler T, P
7 affamer T
7 affecter T, P
7 affectionner T
20 affermir T, P

T : transitif direct (p.p. variable) • Ti : transitif indirect (p.p. invariable) • I : intransitif (p.p. invariable) • P : construction pronominale • imp. : verbe impersonnel • D : verbe défectif • être :
verbe conjugué avec l'auxilliaire être • être ou avoir : conjug ué avec les deux auxilliaires

7 afficher T, P
16 affilier T, P
7 affiner T, P
7 affirmer T, P
7 affleurer I, T
9 affliger T, P
7 affluer I
7 affoler T, P
20 affranchir T, P
11 affréter T
7 affriander T
7 affrioler T
7 affronter T, P
7 affubler T, P
7 affûter T
7 africaniser T, P
8 agacer T
8 agencer T, P
7 s'agenouiller P
11 agglomérer T, P
7 agglutiner T, P
7 aggraver T, P
20 agir I, P, imp. :il s'agit de
7 agiter T, P
20 agonir T
7 agoniser I
7 agrafer T
20 agrandir T, P
14 agréer T, Ti
15 agréger T, P
7 agrémenter T
7 agresser T
7 agripper T, P
20 aguerrir T, P
7 aguicher T
7 ahaner I
20 ahurir T
7 aider T, Ti, P
20 aigrir I, T, P
7 aiguiller T
7 aiguillonner T
7 aiguiser T
7 aimanter T, P
7 aimer T, P
7 ajourer T

7 ajourner T
7 ajouter T, Ti, P
7 ajuster T, P
20 alanguir T, P
7 alarmer T, P
7 alcooliser T, P
7 alerter T
11 aléser T
11 aliéner T, P
7 aligner T, P
7 alimenter T, P
7 aliter T, P
7 allaiter I, T
11 allécher T
15 alléger T
11 alléguer T
23 aller I, être
23 s'en aller P
16 allier T, P
9 allonger I, T, P
7 allouer T
7 allumer T, P
20 alourdir T, P
7 alpaguer T
7 alphabétiser T
11 altérer T, P
7 alterner I, T
20 alunir I, être ou avoir
7 amadouer T
20 amaigrir T, P
7 amalgamer T, P
7 amarrer T
7 amasser I, T, P
7 ambitionner T
7 améliorer T, P
9 aménager T
7 amender T, P
10 amener T, P
7 amenuiser T, P, avoir
7 américaniser T, P
20 amerrir I, être ou avoir
7 ameuter T, P
7 amidonner T
20 amincir I, T, P
16 amnistier T

7 amocher T, P
20 amoindrir T, P
20 amollir T, P
12 amonceler T, P
8 amorcer I, T, P
20 amortir T, P
7 s'amouracher P
16 amplifier T, P
7 amputer T
7 amuser T, P
7 analyser T, P
7 ancrer T, P
20 anéantir T, P
16 anémier T, P
16 anesthésier T
7 angliciser T, P
7 angoisser I, T, P
7 animer T, P
7 ankyloser T, P
7 annexer T, P
7 annihiler T, P
8 annoncer T, P
7 annoter T
7 annuler T, P
20 anoblir T
7 anodiser T
7 ânonner I, T
7 anticiper I, T
7 antidater T
7 apaiser T, P
40 apercevoir T, P
7 apeurer T
18 apitoyer T, P
7 aplanir T, P
20 aplatir T, P
7 apostropher T, P
69 apparaître I, être ou avoir
7 appareiller I, T, P
7 apparenter T, P
16 apparier T, P
24 appartenir Ti, P
7 appâter T
20 appauvrir T, P
12 appeler T, Ti, P

58 appendre T
7 appertiser T
20 appesantir T, P
20 applaudir I, T, Ti, P
7 appliquer T, P
7 appointer T
7 apporter T
7 apposer T
16 apprécier T, P
7 appréhender T
59 apprendre T
7 apprêter T, P
7 apprivoiser T, P
7 approcher I, T, Ti
7 s'approcher P
20 approfondir T, P
16 approprier T, P
7 approuver T
7 approvisionner T, P
18 appuyer I, T, P
7 apurer T
7 araser T
7 arbitrer T
7 arborer T
7 arc-bouter T, P
7 archiver T
7 argenter T, P
7 arguer T, Ti
7 argumenter I
7 armer T, P
7 arnaquer T
7 aromatiser T
7 arpenter T
7 arquer I, T, P
7 arracher T, P
7 arraisonner T
9 arranger T, P
9 s'arréager P
7 arrêter I, T, P
7 arrimer T
7 arriver I, être
9 s'arroger P

20 arrondir T, P
7 arroser T
7 articuler I, T, P
7 aseptiser T
9 asperger T, P
7 asphalter T
16 asphyxier I, T, P
7 aspirer T, Ti
7 assagir T, P
30 assaillir T
20 assainir T
7 assaisonner T
7 assassiner T
11 assécher T, P
7 assembler T, P
11 asséner T
51 asseoir T, P
20 asservir T, P
15 assiéger T
7 assigner T
7 assimiler T, P
7 assister I, T
16 associer T, P
7 assoiffer T
20 assombrir T, P
20 assommer T, P
20 assortir T, P
20 assoupir T, P
20 assouplir T, P
20 assourdir I, T, P
20 assouvir T, P
20 assujettir T, P
7 assumer T, P
7 assurer I, T, P
7 asticoter T
7 astiquer T
62 astreindre T, P
7 atomiser T, P
16 atrophier T, P
7 attabler T, P
7 attacher I, T, P
7 attaquer T, P

7 s'attarder P
62 atteindre T, Ti
12 atteler I, T, P
58 attendre I, T, P
20 attendrir T, P
7 attenter I, Ti
7 atténuer T, P
7 atterrer T
20 atterrir I, être ou avoir
7 attester T
7 attirer T, P
7 attiser T
7 attraper T, P
7 attribuer T, P
7 attrister T, P
7 attrouper T, P
7 auditionner I, T
7 augmenter I, T, être ou
  avoir, P
7 augurer I, T
7 auréoler T, P
7 ausculter T
16 authentifier T
7 s'autocensurer P
88 s'autodétruire P
8 autofinancer T, P
16 autographier T
7 automatiser T
7 s'autoproclamer P
16 autopsier T
7 autoriser T, P
20 avachir I, T, P
7 avaler T
7 avaliser T
8 avancer I, T, P
9 avantager T
16 avarier T, P
7 aventurer T, P
11 avérer T, P
20 avertir T
7 aveugler T, P
20 aviver T, P

T : transitif direct (p.p. variable) • Ti : transitif indirect (p.p. invariable) • I : intransitif (p.p. invariable) • P : construction pronominale • imp. : verbe impersonnel • D : verbe défectif • être : verbe conjugué avec l'auxilliaire *être* • être ou avoir : conjugué avec les deux auxilliaires

7 aviser I, T, P
7 aviver T
2 avoir T
7 avoisiner T, P
7 avorter I, T, être ou avoir
7 avouer T, P
7 axer T
7 axiomatiser T

B

7 babiller I
7 bâcher T
7 bachoter I
7 bâcler I, T
7 badigeonner T, Ti, P
7 badiner I
7 bafouer T
7 bafouiller I, T
7 bâfrer I, T
7 bagarrer I, P
7 baguenauder I, P
7 baguer T
7 baigner I, T, P
7 bâiller (*bâiller d'ennui*) I
7 bâillonner T
7 baiser I, T
7 baisser I, T, être ou avoir, P
7 balader T, P
7 balafrer T
8 balancer I, T, P
17 balayer T
16 balbutier I, T
7 baliser T
7 balkaniser T, P
7 baller I
7 ballonner T
7 ballotter I, T
7 banaliser T, P
7 bander I, T, P
20 bannir T
7 baptiser T
7 baragouiner I, T
7 baratiner I, T

7 barber T, P
7 barboter I, T
7 barbouiller T
7 barder T
7 barder I, imp. : *ça barde*
7 barguigner I
7 barioler T
7 barrer I, T, P
7 barricader T, P
20 barrir I
7 basculer I, T
7 baser T, P
7 bassiner T
7 batailler I
12 bateler I
7 bâter T
7 batifoler I
20 bâtir T, P
60 battre I, T, Ti, P
7 bavarder I
7 bavasser I
7 baver I
17 bayer (*aux corneilles*) I
7 bazarder T
16 béatifier T
7 bêcher I, T
7 bécoter T, P
12 becqueter T
14 beer I, D seul. inf., imperf. ind., part. prés. (*béant*), et l'expression *bouche bée*
17 bégayer I, T
7 bêler I
7 bémoliser T
16 bénéficier Ti
20 bénir T, p.p. béni, bénie, bénis, bénies distinct de l'adjectif : *eau bénite*
7 béquiller I, T
8 bercer T, P
7 berner T
7 besogner I
16 bêtifier I, T
7 bétonner I, T

7 beugler I, T
7 beurrer T, P
7 biaiser I, T
7 biberonner I
7 bicher I
7 bichonner T, P
7 bidonner I, Ti, P
7 bidouiller T
7 biffer T
7 bifurquer I
7 bigarrer T
7 bigler I, T
7 se biler P
7 biner I, T
7 biseauter T
7 biser I, T
7 bisquer I
7 bisser T
7 bistrer T
7 bitumer T
7 bivouaquer I
7 bizuter T
7 blaguer I
7 blâmer T, P
20 blanchir I, T, P
7 blaser T, P
11 blasphémer I, T
20 blêmir I
7 blesser T, P
20 bleuir I, T
7 blinder I, T, P
20 blondir I, T
7 bloquer T, P
20 se blottir P
7 bluffer I, T
7 bobiner T
75 boire I, T, P
7 boiser T
7 boiter I
7 boitiller I
7 bombarder T
7 bomber I, T
20 bondir I
16 bonifier T, P
7 border T

7 borner T, P	7 bramer I	7 bruiter T
12 bosseler T	7 brancarder T	7 brûler I, T, P
7 bosser I, T	7 brancher I, T, P	20 brunir I, T
7 botter I, T, P	20 brandir T	7 brusquer T
7 boucaner I, T	7 branler I, T	7 brutaliser T
7 boucher T, P	7 braquer I, T, P	7 budgéter T
7 bouchonner I, T, P	7 brasser T, P	7 budgétiser T
7 boucler I, T, P	7 braver I, T	7 buller I
7 bouder I, T, P	7 bredouiller I, T	7 bureaucratiser T
7 boudiner T	12 breveter T	7 buriner T
7 bouffer I, T, P	7 bricoler I, T	7 buter I, T, P
20 bouffir I, T	7 brider T	7 butiner I, T
9 bouger I, T	9 bridger I	7 butter T
7 bougonner T	7 briguer T	
32 bouillir I, T	7 briller I	
7 bouillonner I, T	7 brimbaler I, T	
7 bouler I, T	7 brimer T	**C**
7 bouleverser T	7 briquer T	
7 boulocher I	7 briser I, T, P	
7 boulonner I, T	7 brocanter I, T	7 câbler T
7 boulotter I, T	7 brocarder T	7 cabosser T
7 bouquiner I, T	7 brocher T	7 caboter I
7 bourdonner I	7 broder I, T	7 cabotiner I
7 bourgeonner I	7 broncher I	7 cabrer T, P
7 bourlinguer I	7 bronzer I, T, P	7 cacher T, P
7 bourrer I, T, P	7 brosser I, T, P	12 cacheter T
7 boursicoter I	7 brouillasser I, imp. :il	7 cachetonner I
7 boursouf(f)ler T	*brouillasse*	7 cadastrer T
7 bousculer T, P	7 brouiller T, P	7 cadenasser T
7 bousiller T	7 brouter I, T	8 cadencer T
7 bouter T	18 broyer T	7 cadrer I, T
7 boutonner I, T, P	7 bruiner I,	7 cafarder I, T
7 bouturer T	imp. :*il bruine*	7 cafouiller I
7 boxer I, T	20 bruire I, D	7 cafter I, T
7 boycotter T	seul. part. prés. *(bruissant)*,	7 cahoter I, T
7 braconner I, T	3ᵉ pers., ind. prés., imparf. *(il*	7 cailler I, T, P
7 brader T	*bruit/ils bruissent,*	7 caillouter T
7 brailler I, T	*il bruissait/ils bruissaient)*	7 cajoler T
66 braire I, T, D	et subj. prés. *(qu'il bruisse/*	7 calciner T
seul. 3ᵉ pers., ind. prés.,	*qu'ils bruissent)*, p.p.	7 calculer I, T
futur, cond. prés.	invariable *(bruir)*	7 caler I, T, P
7 braiser T	7 bruisser I	7 calfater T

T : transitif direct (p.p. variable) • Ti : transitif indirect (p.p. invariable) • I : intransitif (p.p. invariable) • P : construction pronominale • imp. : verbe impersonnel • D : verbe défectif • être : verbe conjugué avec l'auxiliaire *être* • être ou avoir : conjugué avec les deux auxiliaires

7 calfeutrer T, P
7 calibrer T
7 câliner T
16 calligraphier T
7 calmer T, P
16 calomnier T
7 calquer T
7 cambrer T, P
7 cambrioler T
7 camionner T
7 camoufler T, P
7 camper I, T, être ou
  avoir, P
7 canaliser T
7 canarder I, T
7 cancaner I
12 canneler T
7 cannibaliser T
7 canoniser T
7 canonner T
7 canoter I
7 cantonner I, T, P
7 caoutchouter T
7 caparaçonner T, P
7 capitaliser I, T
7 capitonner T
7 capituler I
7 capoter I, T
7 capsuler T
7 capter T
7 captiver T
7 capturer T
7 capuchonner T
12 caqueter I
7 caracoler I
7 caractériser T, P
7 caramboler I, T
7 caraméliser I, T, P
7 carboniser T
7 carburer I, T
7 carder T
8 carencer T
11 caréner I, T
7 caresser T, P
7 carguer T

7 caricaturer T
16 carier T, P
7 carillonner I, T
7 carotter I, T
12 carreler T
7 carrer T, P
7 carrosser T
7 cartonner I, T
7 caser T, P
7 casquer I, T
7 casser I, T, P
7 castagner I, T, P
7 castrer T
7 cataloguer T
7 catalyser T
7 catapulter T
7 catastropher T
7 catéchiser T
7 cauchemarder I
7 causer I, T
7 cautériser T
7 cautionner T
7 cavaler I, T, P
7 caviarder T
11 céder I, T, Ti
62 ceindre T
7 ceinturer T
11 célébrer T
13 celer T
7 cémenter T
7 cendrer T
7 censurer T
7 centraliser T
7 centrer T
9 centrifuger T
7 centupler I, T
7 cercler T
7 cerner T
16 certifier T
7 cesser I, T, Ti
7 chagriner T
7 chahuter I, T
7 chaîner T
7 chalouper I
7 se chamailler P

7 chamarrer T
7 chambarder T
7 chambouler T
7 chambrer T
12 chanceler I
9 changer I, T, Ti, être ou
  avoir, P
7 chanter I, T
7 chantonner I, T
7 chaparder I, T
7 chapeauter T
7 chaperonner T
7 chapitrer T
7 charbonner I, T
7 charcuter T
9 charger I, T, P
7 charmer I, T
7 charpenter T
16 charrier I, T
7 chasser I, T
16 châtier T, P
7 chatouiller T, P
18 chatoyer I
7 châtrer T
7 chauffer I, T, P
7 chausser I, T, P
7 chavirer I, T, être ou
  avoir
7 cheminer I
7 chercher I, T, P
20 chérir T
7 chevaucher I, T, P
7 cheviller T
7 chevroter I
7 chiader T
7 chialer I
7 chicaner I, T, Ti, P
7 chiffonner I, T, P
7 chiffrer I, T, P
7 chiner T
7 chinoiser I
7 chiper T
7 chipoter I
7 chiquer I, T
55 choir I, D, être ou avoir

20 choisir T	12 cliqueter I	60 combattre I, T, Ti
7 chômer I, T	7 clochardiser T, P	7 combiner T
7 choper T	7 cloisonner T	7 combler T
7 choquer T, P	7 cloîtrer T, P	7 commander I, T, Ti, P
16 chorégraphier I, T	7 cloner T	7 commanditer T
16 chosifier T	7 clopiner I	7 commémorer T
7 chouchouter T	7 cloquer I, T	8 commencer I, T, Ti,
18 choyer T	76 clore T, D	être ou avoir
7 christianiser T	7 clôturer I, T	7 commenter T
7 chromer T	7 clouer T	8 commercer I
11 chronométrer T	7 clouter T	7 commercialiser T
7 chuchoter I, T	7 coaguler I, T, P	61 commettre T, P
7 chuinter I	7 coaliser T, P	7 commissionner T
7 chuter I	7 coasser I	7 commotionner T
7 cibler T	7 cocher T	7 commuer T
7 cicatriser I, T, P	7 coder I, T	16 communier I
7 ciller I	16 codifier T	7 communiquer I, T, P
7 cimenter T, P	7 coéditer T	7 commuter I, T
7 cingler I, T	7 coexister I	7 compacter T
7 cintrer T	7 coffrer T	69 comparaître I
87 circoncire T,	11 cogérer T	7 comparer T, P
p.p. circoncis, circoncise,	7 cogiter I, T	7 compartimenter T
86 circonscrire T, P	7 cogner T, Ti, P	7 compasser T
24 circonvenir T	7 cohabiter I	20 compatir Ti
7 circuler I	7 coiffer T, P	7 compenser T
7 cirer T	8 coincer T	7 compiler T
7 cisailler T	7 coïncider I	68 complaire Ti
13 ciseler T	7 collaborer I, Ti	68 se complaire P,
7 citer T	7 collationner I, T	p.p. invariable
7 civiliser T, P	7 collecter T	11 compléter T, P
7 claironner I, T	7 collectionner T	7 complexer T
7 clamer T	7 collectiviser T	16 complexifier T, P
7 clapoter I	7 coller I, T, Ti, P	7 complimenter T
7 claquemurer T, P	12 colleter T, P	7 compliquer T, P
7 claquer I, T, P	9 colliger T	7 comploter I, T, Ti
16 clarifier T, P	7 colmater T	7 comporter T, P
7 classer T, P	7 coloniser T	7 composer I, T, P
16 classifier T	7 colorer T, P	7 composter T
7 cligner I, T, Ti	16 colorier T	59 comprendre T, P
7 clignoter I	7 coloriser T	7 compresser T
7 climatiser T	7 colporter T	7 comprimer T
7 cliquer I	7 coltiner T, P	61 compromettre I, T, P

T : transitif direct (p.p. variable) • **Ti** : transitif indirect (p.p. invariable) • **I** : intransitif (p.p. invariable) • **P** : construction pronominale • **imp.** : verbe impersonnel • **D** : verbe défectif • **être** : verbe conjugué avec l'auxiliaire *être* • **être ou avoir** : conjugué avec les deux auxiliaires

7 comptabiliser T
7 compter I, T, P
7 compulser T
11 concéder T
7 concentrer T, P
7 conceptualiser I, T
7 concerner T, seul.
3ᵉ pers. à la voix active ; les autres au passif
7 concerter I, T, P
40 concevoir T, P
16 concilier T, P
77 conclure I, T, Ti, P
7 concocter T
7 concorder I
34 concourir I, Ti
7 concrétiser T, P
8 concurrencer T
7 condamner T
7 condenser T, P
58 condescendre Ti
7 conditionner T
88 conduire T, P
11 conférer I, T, Ti
7 confesser T, P
16 confier T, P
7 configurer T
7 confiner Ti, P
87 confire T
7 confirmer T, P
7 confisquer T
7 confluer I
58 confondre T, P
7 conformer T, P
7 conforter T
7 confronter T
16 congédier T
13 se congeler P
7 congestionner T
11 conglomérer T
7 conglutiner T
7 congratuler T, P
7 conjecturer I, T

7 conjuguer T, P
7 conjurer T
69 connaître T, P
7 connecter T
7 connoter T
25 conquérir T, P
7 consacrer T, P
7 conseiller T, Ti
26 consentir T, Ti
7 conserver T, P
11 considérer T, P
7 consigner T
7 consister I
7 consoler I, T, P
7 consolider T, P
7 consommer I, T
7 conspirer I, T, Ti
7 conspuer T
7 constater T
7 consteller T
7 consterner T
7 constiper I, T
7 constituer T, P
88 construire I, T, P
7 consulter I, T, P
7 consumer T, P
7 contacter T
7 contaminer T
7 contempler T, P
24 contenir T, P
7 contenter T, P
7 conter T
7 contester I, T
7 continuer I, T, Ti, P
7 se contorsionner P
7 contourner T
7 contracter T
7 contractualiser T
64 contraindre T, P
16 contrarier T, P
7 contraster I, T
7 contre-attaquer I
8 contrebalancer T
8 s'en contrebalancer P
7 contrecarrer T

84 contredire T, P
67 contrefaire T
7 contre-indiquer T
7 contrer I, T
7 contresigner T
24 contrevenir Ti
7 contribuer Ti
7 contrôler T, P
7 controverser I, T
7 contusionner T
65 convaincre T, P
24 convenir I, Ti, être ou avoir
24 se convenir P, p.p. invariable
9 converger I
7 converser I
20 convertir T, P
16 convier T
7 convoiter I, T
7 convoler I
7 convoquer T
18 convoyer T
7 se convulser P
11 coopérer I, Ti
7 coordonner T
16 copier I, T
7 copiner I
88 coproduire T
7 copuler I
7 corder T
7 corner I, T
11 corréler T
58 correspondre I, Ti, P
9 corriger T, P
7 corroborer T
58 corrompre T, P
7 corser T, P
7 cosigner T
7 costumer T, P
7 coter I, T
7 cotiser I, P
18 côtoyer T, P
7 coucher I, T, P
7 couder T

79 coudre T	14 créer T, P	7 cumuler T
7 couiner I	12 créneler T	7 curer T, P
7 couler I, T, P	7 crêper T, P	7 cuver I, T
7 coulisser I, T	20 crépir T	
7 couper I, T, Ti, P	7 crépiter I	
7 coupler T	7 crétiniser T	
7 courbaturer T, 2 formes	7 creuser I, T, P	**D**
au p.p. : *courbaturé,*	7 crevasser T, P	
courbaturée, courbaturés,	10 crever I, T, être ou avoir, P	16 dactylographier T
courbaturées; courbatu,	7 criailler I	7 daigner (+ inf.) T
courbatue, courbatus,	7 cribler T	7 daller T
courbatues	16 crier I, T	7 damer I, T
7 courber I, T, P	7 criminaliser T	7 damner I, T, P
34 courir I, T	7 crisper T, P	7 dandiner T, P
7 couronner T, P	7 crisser I	7 danser I, T
8 se courroucer P	7 cristalliser I, T, P	7 darder I, T
7 courser T	7 critiquer T	7 dater I, T
7 court-circuiter T	7 croasser I	7 dealer T
7 courtiser T	13 crocheter T	7 déambuler I
7 cousiner I	74 croire I, T, Ti, P	7 déballer I, T
7 coûter I, T, Ti	7 croiser I, T, P	7 se déballonner P
7 couver I, T	73 croître I, être ou avoir	7 débanaliser T
28 couvrir T, P	7 croquer I, T	7 débander I, T, P
7 cracher I, T	7 crotter I, T, P	7 débarbouiller T, P
64 craindre I, T	7 crouler I, être ou avoir	7 débarder T
7 cramer I, T	20 croupir I, être ou avoir	7 débarquer I, T
7 cramponner T, P	7 croustiller I,	7 débarrasser I, T, P
7 craner T	7 croûter I, T	60 débattre T, P
7 crâner I	16 crucifier T	7 débaucher T
7 cranter T	7 crypter T	7 débecter T
7 crapahuter I	29 cueillir T	7 débiliter T
12 craqueler T, P	7 cuirasser T, P	7 débiner T, P
7 craquer I, T	88 cuire I, T	7 débiter T
12 craqueter I	7 cuisiner I, T	11 déblatérer I
7 se crasher P	7 se cuiter P	17 déblayer T
7 cravacher I, T	7 cuivrer T	7 débloquer I, T
7 cravater T	7 culbuter I, T	7 débobiner T
7 crawler I	7 culminer I	7 déboiser T
7 crayonner T	7 culotter T, P	7 déboîter I, T, P
11 crécher I	7 culpabiliser I, T	7 débonder T
7 crédibiliser T	7 cultiver T, P	7 déborder I, T, être ou
7 créditer T		avoir

T : transitif direct (p.p. variable) • **Ti** : transitif indirect (p.p. invariable) • **I** : intransitif (p.p. invariable) • **P** : construction pronominale • **imp.** : verbe impersonnel • **D** : verbe défectif • **être** : verbe conjugué avec l'auxilliaire *être* • **être ou avoir** : conjugué avec les deux auxilliaires

12 débosseler T	12 décerveler T	7 décontracter T, P
7 débotter T, P	40 décevoir T	7 décorer I, T
7 déboucher I, T	7 déchaîner T, P	7 décorner T
7 déboucler T	7 déchanter I	7 décortiquer T
7 débouler I, T	9 décharger I, T, P	7 découcher I
7 déboulonner T	7 décharner T	79 découdre T, P
7 débourber T	7 déchausser I, T, P	7 découler I, Ti
7 débourrer I, T	7 déchiffonner T	7 découper T, P
7 débourser T	7 déchiffrer I, T	9 décourager T, P
7 déboussoler T	12 déchiqueter T	7 découronner T
7 déboutonner T, P	7 déchirer T, P	28 découvrir T, P
7 se débrailler P	57 déchoir I, être ou avoir, D	7 décrasser T, P
7 débrancher T, P	7 décider T, Ti, P	7 décrédibiliser T
17 débrayer I, T	7 décimer T	7 décréditer T
7 débrider I, T	7 déclamer I, T	7 décrêper T
7 débriefer T	7 déclarer T, P	20 décrépir T
7 débrouiller T, P	7 déclasser T	11 décréter T
7 débroussailler T	7 déclencher T, P	16 décrier T
7 débucher T	7 décliner I, T, P	86 décrire T
7 débusquer T	7 décloisonner T	7 décrisper T, P
7 débuter I, T	7 déclouer T	7 décrocher I, T
12 décacheter T	7 décocher T	7 décroiser T
7 décaisser T	7 décoder T	73 décroître I, être ou
16 décalcifier T, P	7 décoiffer T, P	avoir
7 décaler T	8 décoincer T	7 décrotter T
7 décalotter T	11 décolérer I	7 déculotter T, P
7 décalquer T	7 décoller I	7 déculpabiliser T
7 décamper I, être ou	12 décolleter T, P	7 décupler I, T
avoir	7 décoloniser T	7 dédaigner T, Ti
7 décanter I, T, P	7 décolorer T, P	8 dédicacer T
7 décaper T	7 décommander T, P	16 dédier T
7 décapiter T	7 décomposer T, P	84 dédire T, P
7 décapoter T	7 décompresser I, T	9 dédommager T, P
7 décapsuler T	7 décompter I, T	7 dédouaner T, P
7 se décarcasser P	7 déconcentrer T, P	7 dédoubler T, P
12 décarreler T	7 déconcerter T	7 dédramatiser I, T
20 se décatir P	7 déconditionner T	88 déduire T, P
11 décéder I, être	13 décongeler T	30 défaillir I
13 déceler T	7 décongestionner T	67 défaire T, P
11 décélérer I	7 déconnecter T	7 défalquer T
7 décentraliser T, P	7 déconseiller T	7 défatiguer I, T, P
7 décentrer T, P	11 déconsidérer T, P	7 défausser T, P
7 décercler T	88 déconstruire T	7 défavoriser T
7 décérébrer T	7 décontaminer T	58 défendre T, P
7 décerner T	8 décontenancer T, P	7 défenestrer T, P

11 déféquer I, T
11 déférer T, Ti
7 déferler I, T
12 déficeler T
16 défier T, P
7 défigurer T
7 défiler I, T, P
20 définir T, P
7 déflorer T
8 défoncer T, P
7 déformer T, P
7 défouler T, P
20 défraîchir T
17 défrayer T
7 défricher T
7 défriper T
7 défriser T
7 défroisser T, P
7 défroquer I, T, P
9 dégager I, T, P
7 dégainer T
7 déganter T, P
20 dégarnir T, P
7 dégazer I, T
13 dégeler I, T, être ou
avoir, P
11 dégénérer I, être ou
avoir
7 dégivrer T
7 déglacer T
7 déglinguer T, P
20 déglutir I, T
7 dégobiller I, T
7 dégommer T
7 dégonfler I, T, P
9 dégorger I, T, P
7 dégotter I, T
7 dégouliner I
7 dégoupiller T
20 dégourdir T, P
7 dégoûter T, P
7 dégrader T, P

7 dégrafer T, P
7 dégraisser T
7 dégringoler I, T
7 dégriser T
20 dégrossir T, P
7 se dégrouiller P
20 déguerpir I, T
7 dégueuler I, T
7 déguiser T, P
7 dégurgiter T
7 déguster T
7 se déhancher P
16 déifier T
7 déjanter T
7 déjeuner I
7 déjouer T
9 se déjuger P
7 délabrer T, P
8 délacer T
7 délasser I, T, P
7 délaver T
17 délayer T
7 délecter T, P
11 déléguer T
7 délester T, P
11 délibérer I, Ti
16 délier T, P
7 délimiter T
7 délirer I
7 déliter T, P
7 délivrer T, P
7 délocaliser T
9 déloger I, T
7 démagnétiser T
7 démailloter T
7 démancher T, P
7 demander T, P
9 démanger I, T
13 démanteler T
7 démantibuler T
7 démaquiller T, P
7 démarcher T

7 démarquer T, P
7 démarrer I, T
7 démasquer T, P
7 démâter I, T
7 dématérialiser T
7 démêler T, P
7 démembrer T
9 déménager I, T, être ou
avoir
10 se démener P
26 démentir T, P
7 démériter I
61 démettre T, P
7 demeurer I, être ou
avoir
7 démilitariser T
7 déminer T
7 déminéraliser T
7 démissionner I, Ti
7 démobiliser I, T
7 démocratiser T, P
7 démoder T, P
20 démolir T
7 démonter T, P
7 démontrer T
7 démoraliser T, P
58 démordre Ti
7 démotiver T
7 démouler T
16 démultiplier T
20 démunir T, P
16 démystifier T, P
7 dénationaliser T
7 dénaturaliser T
7 dénaturer T
9 déneiger T
7 déniaiser T, P
7 dénicher I, T, être ou
avoir
16 dénier T
7 dénigrer T
12 déniveler T

7 dénombrer T
7 dénommer T
8 dénoncer T, P
7 dénoter I, T
7 dénouer T, P
7 dénoyauter T
16 densifier T
12 denteler T
7 dénuder T, P
7 se dénuer P
7 dépanner T
12 dépaqueter T
7 déparasiter T
7 dépareiller T
7 déparer T
9 départager T
7 départementaliser T
26 départir T, P
7 dépasser I, T, P
7 dépassionner T
7 dépaver T
7 dépayser T
8 dépecer T
7 dépêcher T, P
62 dépeindre T
7 dépénaliser T
58 dépendre T, Ti
7 dépenser T, P
20 dépérir I
7 dépersonnaliser T, P
7 dépêtrer T, P
7 dépeupler T, P
7 déphaser T
7 dépiauter T
7 dépister T
7 dépiter T, P
8 déplacer T, P
7 déplafonner T
68 déplaire Ti
68 se déplaire P,
  p.p. invariable
7 déplanter T
16 déplier T, P
7 déplisser T, P
7 déplorer T

18 déployer T, P
7 déplumer T, P
20 dépolir T, P
7 dépolluer T
7 déporter T, P
7 déposer I, T, P
11 déposséder T
7 dépoter T
7 dépouiller T, P
11 dépoussiérer T
7 dépraver T
16 déprécier T, P
59 se déprendre P
7 dépressuriser T
7 déprimer I, T, P
7 dépriser T
12 dépuceler T
7 déraciner T
7 dérailler I
7 déraisonner I
9 déranger T, P
7 déraper I
7 dératiser T
11 dérégler T
7 déresponsabiliser T
7 dérider T, P
7 dériver I, T, Ti
7 dérober T, P
9 déroger Ti
7 dérouiller I, T
7 dérouler T, P
7 dérouter T, P
7 désabonner T, P
7 désabuser T
7 désacclimater T
7 désaccorder T, P
7 désaccoupler T
7 désaccoutumer T, P
7 désacraliser T
7 désactiver T
7 désadapter T, P
7 désaffecter T
7 se désaffectionner P
15 désagréger T, P
11 désaliéner T

7 désaligner T
7 désalper I
11 désaltérer T, P
7 désambiguïser T
7 désaminer T
8 désamorcer T, P
16 désapparier T
7 désappointer T
7 désapprouver I, T
7 désarçonner T
7 désarmer I, T, P
7 désarticuler T, P
20 désassortir T
9 désavantager T
7 désavouer T
7 désaxer T
7 desceller T
58 descendre I, T, être ou
  avoir
7 désembourber T
7 désembuer T
7 désemparer I, T
20 désemplir I, T, P
7 désenchanter T
7 désenclaver T, P
7 désencombrer T, P
7 désencrasser T
7 se désendetter P
7 désenfler I, T, P
9 désengager T, P
20 désengourdir T
7 désensabler T
7 désensibiliser T, P
12 désensorceler T
7 désentortiller T
7 désentraver T
7 désenvoûter T
20 désépaissir T
7 déséquilibrer T
7 déserter I, T, P
7 se désertifier P
11 désespérer I, T, P
7 déshabiller T, P
7 déshabituer T, P
7 désherber T

7 déshériter T	20 désunir T, P	7 deviner T
7 déshonorer T, P	7 désynchroniser T	9 dévisager T
7 déshumaniser T	7 détacher T, P	7 deviser I
7 déshydrater T, P	7 détailler T	7 dévisser I, T
7 désigner T	7 détaler I	7 dévitaliser T
7 désillusionner T	7 détartrer T	7 dévoiler T, P
7 désincarner T, P	7 détaxer T	44 devoir T, P
7 désincruster T	7 détecter T	7 dévorer I, T, P
7 désinfecter T	62 déteindre I, T	7 dévouer T, P
7 désinformer T	12 dételer I, T	18 dévoyer T, P
11 désintégrer T, P	58 détendre T, P	7 diaboliser T
7 désintéresser T, P	24 détenir T	7 diagnostiquer T
7 désintoxiquer T, P	7 détériorer T, P	7 dialoguer I, T
7 désirer T	7 déterminer T, P	7 dialyser T
7 se désister P	7 déterrer T	7 dicter T
20 désobéir I, Ti	7 détester T, P	7 diffamer T
9 désobliger T	7 détoner I	16 différencier T, P
7 désodoriser T	7 détonner I	11 différer I, T
7 désoler T, P	58 détordre T	7 diffuser T, P
7 désolidariser T, P	7 détortiller T	11 digérer I, T
7 désorganiser T, P	7 détourer T	7 digresser I
7 désorienter T, P	7 détourner T, P	7 dilapider T
7 désosser T	7 détraquer T, P	7 dilater T, P
11 désoxygéner T	7 détremper T	7 diluer T, P
7 desquamer I, T, P	7 détromper T, P	7 diminuer I, T, être ou
7 dessabler T	7 détrôner T	avoir, P
20 dessaisir T, P	7 détrousser T	7 dîner I
7 dessaler I, T, P	88 détruire T, P	84 dire T, P
11 dessécher T, P	7 dévaler I, T	9 diriger T, P
7 desserrer T, P	7 dévaliser T	7 discerner T
20 dessertir T	7 dévaloriser T, P	7 discipliner T
36 desservir T, P	7 dévaluer T, P	7 discontinuer I, D, inf.
7 dessiller T	8 devancer T	seulement
7 dessiner T, P	7 dévaster T	24 disconvenir I, Ti, être
7 dessoler T	7 développer T, P	ou avoir
7 dessouder T, P	24 devenir I, être	7 discorder I
7 dessoûler I, T, P	7 se dévergonder P	7 discounter T
7 déstabiliser T	7 déverrouiller T	34 discourir I
7 destiner T, P	7 déverser T, P	7 discréditer T, P
7 destituer T	27 dévêtir T, P	7 discriminer T
7 déstocker I, T	7 dévider T, P	7 disculper T, P
7 déstructurer T	16 dévier I, T	7 discuter I, T, P

T : transitif direct (p.p. variable) • **Ti** : transitif indirect (p.p. invariable) • **I** : intransitif (p.p. invariable) • **P** : construction pronominale • **imp.** : verbe impersonnel • **D** : verbe défectif • **être** : verbe conjugué avec l'auxiliaire *être* • **être ou avoir** : conjugué avec les deux auxiliaires

16 disgracier T
63 disjoindre T, P
7 disjoncter I, T
7 disloquer T, P
69 disparaître I, être ou
   avoir
7 dispatcher T
7 dispenser T, P
7 disperser T, P
7 disposer T, Ti, P
7 disputer T, Ti, P
16 disqualifier T, P
7 disséminer T, P
11 disséquer T
7 disserter I
7 dissimuler T, P
7 dissiper T, P
16 dissocier T, P
78 dissoudre T, D
78 se dissoudre P, D
7 dissuader T
8 distancer T
16 distancier T, P
58 distendre T, P
7 distiller I, T
7 distinguer I, T, P
58 distordre T, P
66 distraire I, T, D
66 se distraire P, D
7 distribuer T, P
7 divaguer I
9 diverger I
16 diversifier T, P
20 divertir T, P
7 diviniser T
7 diviser T, P
8 divorcer I, être ou avoir
7 divulguer T
7 documenter T, P
7 dogmatiser I
7 domestiquer T
16 domicilier T
7 dominer I, T, P
7 dompter T
7 donner I, T, P

7 doper T, P
7 dorer T, P
7 dorloter T, P
33 dormir I
7 doser T
7 doter T
7 doubler I, T, P
7 doublonner I
7 doucher T, P
20 doucir T
7 douer T, D
7 douter I, Ti, P
16 dragéifier T
7 draguer I, T
7 drainer T
7 dramatiser I, T
7 draper T, P
7 dresser T, P
7 dribbler I, T
7 driver I, T
7 droguer I, T, P
7 duper T, P
7 dupliquer T
20 durcir I, T, P
7 durer I
12 se duveter P
7 dynamiser T
7 dynamiter T

20 ébahir T, P
7 ébarber T
60 s'ébattre P
7 ébaucher T, P
20 éblouir I, T
7 éborgner T, P
7 ébouillanter T, P
7 ébouler I, T
7 ébouriffer T
7 ébrancher T
7 ébranler T, P

11 ébrécher T, P
7 s'ébrouer P
7 ébruiter T, P
7 écailler T, P
7 écarquiller T
13 écarteler T
7 écarter I, T, P
7 échafauder I, T
7 échancrer T
9 échanger T
9 s'échanger T
7 échantillonner T
7 échapper I, Ti, T, être
   ou avoir, P
7 écharper T, P
7 échauder T, P
7 échauffer T, P
7 échelonner T, P
12 écheveler T
7 échiner T
56 échoir I, D, être ou avoir
7 échouer I, T, être ou
   avoir, P
7 éclabousser T, P
20 éclaircir T, P
7 éclairer I, T, P
7 éclater I, T, être ou avoir, P
7 éclipser T, P
76 éclore I, D, être ou avoir,
   mêmes formes que clore,
   mais seul. 3ᵉ pers.
7 écluser T
7 écœurer I, T
88 éconduire T
7 économiser I, T
7 écoper I, T
8 écorcer T
7 écorcher T, P
7 écorner T
7 écornifler T
7 écosser T
7 écouler T, P
7 écourter T
7 écouter I, T, P
7 écrabouiller T

7 écraser I, T, P
11 écrémer T
16 s'écrier P
86 écrire I, T, Ti, P
7 écrouer T, P
7 écumer I, T
7 édenter T
7 édicter T
16 édifier I, T
7 éditer T
7 édulcorer T
7 éduquer T
8 effacer I, T, P
7 effarer T, P
7 effaroucher T, P
7 effectuer T, P
7 efféminer T
7 effeuiller T, P
7 effiler T, P
7 effilocher T, P
7 effleurer T
7 effondrer T, P
8 s'efforcer P
9 effranger T, P
17 effrayer T, P
7 effriter T, P
7 égaler T
7 égaliser I, T
7 égarer T, P
17 égayer T, P
9 égorger T
7 s'égosiller P
7 égoutter I, T, P
7 égratigner T, P
10 égrener T, P
7 éjaculer T
7 éjecter T, P
7 élaborer T, P
7 élaguer T
8 élancer I, T, P
20 élargir I, T, P
16 électrifier T

7 électriser T
7 électrocuter T
10 élever T, P
7 élider T, P
7 élimer T
7 éliminer I, T, P
83 élire T
7 éloigner T, P
7 élucider T
7 élucubrer T
7 éluder T
16 émacier T, P
7 émailler T
7 émanciper T, P
7 émaner I
9 émarger I, T
7 émasculer T
7 emballer T, P
7 embarquer I, T, P
7 embarrasser T, P
7 emboucher I, T
7 embaumer I, T
20 embellir I, T, être ou
   avoir
7 emberlificoter T, P
7 embêter T, P
7 embobiner T
7 emboîter T, P
7 emboucher T
7 embourber T, P
7 embourgeoiser T, P
7 embouteiller T
7 embrancher T, P
7 embraser T, P
7 embrasser T, P
17 embrayer I, T
7 embrigader T, P
7 embringuer T, P
7 embrocher T
7 embrouiller T, P
7 embrumer T
7 embuer T, P

7 embusquer T, P
11 émécher T
9 émerger I
7 émerveiller T, P
61 émettre I, T
7 émietter T, P
7 émigrer I
8 émincer T
7 emmagasiner T
7 emmailloter T, P
7 emmancher T, P
7 emmêler T, P
9 emménager I, T
10 emmener T
7 emmitoufler T, P
7 émonder T
7 émotionner T
7 émousser T, P
7 émoustiller T
46 émouvoir I, T, P
7 empailler T
7 empaler T, P
12 empaqueter T
7 s'emparer P
7 empâter T, P
7 empêcher T, P
10 empeser T
7 empester I, T
7 empêtrer T, P
7 empierrer T
11 empiéter I
7 s'empiffrer P
7 empiler T, P
7 empirer I, T, être ou
   avoir, seul. 3ᵉ pers.
7 emplafonner T, P
20 emplir I, T, P
18 employer T, P
7 empocher T
7 empoigner T, P
7 empoisonner, T, P
7 emporter T, P

T : transitif direct (p.p. variable) • Ti : transitif indirect (p.p. invariable) • I : intransitif (p.p. invariable) • P : construction pronominale • **imp.** : verbe impersonnel • **D** : verbe défectif • **être** : verbe conjugué avec l'auxilliaire *être* • **être ou avoir** : conjugué avec les deux auxilliaires

7 empoter T	9 endommager T	avoir, P
11 empoussiérer T	33 endormir T, P	10 enlever T, P
7 s'empresser P	7 endosser T	7 enliser T, P
7 emprisonner T	88 enduire I, T	7 enluminer T
7 emprunter I, T	20 endurcir T, P	20 ennoblir T
20 empuantir T	7 endurer T	18 ennuyer I, T, P
7 émuler T	7 énerver T, P	8 énoncer T, P
16 émulsifier T	7 enfanter I, T	20 enorgueillir T, P
7 émulsionner T	7 enfariner T	25 s'enquérir P
7 s'énamourer P	7 enfermer T, P	7 enquêter T, P
7 encadrer T, P	7 enferrer T, P	7 enquiquiner T, P
7 encaisser T	11 enfiévrer T, P	7 enraciner T, P
7 s'encanailler P	7 enfiler T, P	9 enrager I
7 encapuchonner T, P	7 enflammer T, P	17 enrayer T
7 encarter T	7 enfler I, T, P	7 enrégimenter T
7 encaserner T	8 enfoncer I, T, P	7 enregistrer T
7 encastrer T, P	20 enfouir T, P	7 enrhumer T, P
7 encaustiquer T	7 enfourcher T	20 enrichir T, P
62 enceindre T	7 enfourner T, P	7 enrober T
7 encenser I, T	62 enfreindre T	7 enrôler T
7 encercler T	37 s'enfuir P	7 enrouer T, P
7 enchaîner I, T, P	7 enfumer T	7 enrouler T, P
7 enchanter T	9 engager T, P	7 enrubanner T
7 enchâsser T, P	7 engendrer T	7 ensabler T, P
7 enchevêtrer T, P	20 engloutir T, P	7 ensanglanter T
7 enclaver T, P	7 engluer T, P	7 enseigner T, P
7 enclencher T, P	8 engoncer T	8 ensemencer T
76 enclore T, D	9 engorger T, P	7 enserrer T
7 enclouer T	7 s'engouer P	20 ensevelir T, P
7 encocher T	7 engouffrer T, P	7 ensoleiller T
7 encoder T	20 engourdir T, P	12 ensorceler T
7 encoller T	7 engraisser I, T, P	81 s'ensuivre P, D, seul.
7 encombrer T, P	9 engranger T	inf., part. prés., et 3e pers.
7 s'encorder P	7 engrosser T	*(il s'est ensuivi ou il s'en est*
9 encourager T	7 engueuler T, P	*ensuivi ou il s'en est suivi)*
34 encourir T	7 enguirlander T	7 entacher T
7 encrasser T, P	20 enhardir T, P	7 entailler T, P
7 encrer I, T	7 enivrer I, T, P	7 entamer T
7 encroûter T, P	7 enjamber I, T	7 entartrer T, P
7 endetter T, P	63 enjoindre T	7 entasser T, P
7 endeuiller T	7 enjôler T	58 entendre I, T, Ti, P
7 endiabler I, T	7 enjoliver T, P	7 entériner T
7 endiguer T	7 s'enkyster P	7 enterrer T, P
7 s'endimancher P	8 enlacer T, P	7 entêter T, P
7 endoctriner T	20 enlaidir I, T, être ou	7 enthousiasmer T, P

7 s'enticher P	7 épancher T, P	7 éructer I, T
7 entoiler T	58 épandre T, P	7 esbroufer T
7 entonner T	20 épanouir T, P	7 escalader T
7 entortiller T, P	7 épargner I, T, P	7 escamoter T
7 entourer T, P	7 éparpiller T, P	7 s'esclaffer P
7 s'entraccuser P	7 épater T	7 escompter T
7 s'entradmirer P	7 épauler I, T, P	7 escorter T
7 s'entraider P	12 épeler I, T	7 s'escrimer P
7 s'entraimer P	7 épépiner T	7 escroquer T
7 entraîner T	7 éperonner T	8 espacer T, P
40 entrapercevoir T	8 épicer T	11 espérer I, T
7 entraver T	16 épier I, T, P	7 espionner T
7 entrebâiller T, P	7 épiler T, P	7 esquinter T, P
7 entrechoquer T, P	7 épiloguer T, Ti	7 esquisser T
7 entrecouper T	7 épingler T	7 esquiver T, P
7 entrecroiser T, P	7 éplucher T	7 essaimer I, T
7 s'entre-déchirer P	7 épointer T	17 essayer T, P
7 s'entre-dévorer T	9 éponger T, P	7 essorer T, P
9 s'entre-égorger P	7 épouiller T, P	7 essouffler T, P
8 entrelacer T, P	7 s'époumoner P	18 essuyer T, P
7 entrelarder T	7 épouser I, T, P	7 estamper T
7 entremêler T, P	12 épousseter T	7 estampiller T
61 s'entremettre P	7 époustoufler T	ester I, D, inf. seul.
7 entreposer T	7 épouvanter T	7 esthétiser I, T
59 entreprendre I, T	59 s'éprendre P	7 estimer T, P
7 entrer I, T, être ou avoir	7 éprouver T	7 estomaquer T
24 entretenir T, P	7 épuiser T, P	7 estomper T, P
7 s'entre-tuer P	7 épurer T, P	16 estropier T, P
41 entrevoir T	20 équarrir T	20 établir T, P
28 entrouvrir T, P	7 équeuter T	9 étager T, P
11 énumérer T	7 équilibrer T, P	7 étaler I, T, P
20 envahir T	7 équiper T, P	7 étalonner T
7 envaser T, P	49 équivaloir Ti, P	7 étamer T
7 envelopper T, P	7 éradiquer T	7 étancher T
7 envenimer T, P	7 érafler T, P	7 étatiser T
7 envier T	7 érailler T, P	17 étayer T, P
7 environner T, P	7 éreinter T, P	62 éteindre T, P
9 envisager T	7 ergoter I	58 étendre T, P
7 s'envoler P	9 ériger T, P	7 éterniser T, P
7 envoûter T	7 éroder T, P	7 éternuer I
19 envoyer T, P	7 érotiser T	7 étêter T
20 épaissir I, T, P	7 errer I	12 étinceler T

T : transitif direct (p.p. variable) • **Ti** : transitif indirect (p.p. invariable) • **I** : intransitif (p.p. invariable) • **P** : construction pronominale • **imp.** : verbe impersonnel • **D** : verbe défectif • **être** : verbe conjugué avec l'auxilliaire *être* • **être ou avoir** : conjugué avec les deux auxilliaires

7 étioler T, P
12 étiqueter T
7 étirer T, P
7 étoffer T, P
7 étoiler T, P
7 étonner T, P
7 étouffer I, T, P
20 étourdir T, P
7 étrangler T, P
1 être I
62 étreindre T, P
7 étrenner I, T
7 étriller T
7 étriper T, P
7 étriquer T
16 étudier I, T, P
7 étuver T
7 euphoriser I, T
7 européaniser T, P
7 euthanasier T
7 évacuer T
7 s'évader P
7 évaluer T
7 évangéliser T
20 s'évanouir P
7 évaporer T, P
7 évaser T, P
7 éveiller T, P
7 éventer T, P
7 éventrer T, P
7 s'évertuer P
7 évider T
8 évincer T
7 éviter T, Ti, P
7 évoluer I
7 évoquer T
7 exacerber T, P
11 exagérer I, T, P
7 exalter T, P
7 examiner I, T, P
11 exaspérer T, P
8 exaucer T
11 excéder T
7 exceller I
7 excentrer T

7 excepter T
7 exciser T
7 exciter T, P
7 s'exclamer P
77 exclure T, P
16 excommunier T
7 excuser T, P
11 exécrer T
7 exécuter T, P
7 exempter T, P
8 exercer I, T, P
16 exfolier T, P
7 exhaler T, P
7 exhausser T
7 exhiber T, P
7 exhorter T
7 exhumer T
9 exiger T
7 exiler T, P
7 exister I
11 exonérer T
7 exorciser T
16 expatrier T, P
7 expectorer I, T
16 expédier T
7 expérimenter I, T
7 expertiser T
16 expier T, être ou avoir
7 expirer I, T, être ou avoir
7 expliciter T
7 expliquer T,
7 exploiter I, T
7 explorer T
7 exploser I
7 exporter I, T
7 exposer T, P
7 exprimer T, P
16 exproprier T
7 expulser T
9 expurger T
7 exsuder I, T
16 s'extasier P
7 exténuer T, P
7 extérioriser T, P
7 exterminer T

7 extirper T, P
7 extorquer T
7 extrader T
66 extraire T, D, P
7 extrapoler I, T
7 exulter I

F

7 fabriquer I, T, P
7 fabuler I
7 fâcher T, P
7 faciliter T, P
7 façonner T
7 facturer T
7 fagoter T
20 faiblir I
31 faillir I, être ou avoir, D, futur et cond. comme fi*nir* ; surtout au passé simple, inf., et passé comp.
67 faire I, T, P
7 faisander T, P
48 falloir T, imp. :*il faut*
48 s'en falloir P, imp.: *il s'en faut* ou *il s'en est fallu*
16 falsifier T
7 familiariser T, P
7 fanatiser T
7 faner T, P
7 fanfaronner I
7 fantasmer I, T
20 farcir T, P
7 farder I, T, P
7 farfouiller I, T
7 fariner I, T
7 farter T
7 fasciner T
7 fasciser T
7 fatiguer I, T, P
7 faucher I, T

7 faufiler I, T, P	7 filer I, T	7 foirer I
7 fausser T, P	13 fileter T	7 foisonner I
7 fauter I	7 filigraner T	7 folâtrer I
7 favoriser T	7 filmer I, T	7 folioter T
7 faxer T	7 filocher I, T	7 fomenter T
7 fayoter I	7 filouter I, T	8 foncer I, T
7 féconder T	7 filtrer I, T	7 fonctionnariser T
7 fédéraliser T	7 finaliser T	7 fonctionner I
11 fédérer T, P	8 financer I, T	7 fonder T, P
62 feindre I, T	20 finir I, T, être ou avoir	58 fondre I, T, P
7 feinter I, T	7 fiscaliser T	8 forcer I, T, P
7 fêler T, P	7 fissurer T, P	20 forcir I
7 féliciter T, P	7 fixer T, P	7 forer T
7 féminiser T, P	7 flageller T, P	9 forger T, P
7 fendiller T, P	7 flageoler I	7 formaliser T, P
58 fendre T, P	7 flairer T	7 formater T
férir T, D, seul. dans les	7 flamber I, T	7 former T, P
expressions sans coup férir	18 flamboyer I	7 formuler T, P
et féru de	7 flancher I, T	7 forniquer I
7 fermenter I	7 flâner I	16 fortifier T, P
7 fermer I, T, P	7 flanquer T, P	7 fossiliser T, P
7 ferrailler I	7 flasher I, T	18 foudroyer T
7 ferrer T	7 flatter T, P	7 fouetter I, T
7 fertiliser T	11 flécher T	7 fouiller I, T, P
7 fesser T	20 fléchir I, T	7 fouiner I
7 festonner T	7 flemmarder I	7 fouler T, P
18 festoyer I, T	20 flétrir T, P	7 fourcher T
7 fêter T	7 fleurer T	7 fourguer T
7 fétichiser T	20 fleurir I, T	7 fourmiller I
7 feuiller I, T	7 flexibiliser T	20 fournir T, Ti, P
12 feuilleter T	7 flinguer I, T, P	9 fourrager I, T
7 feuler I	7 flipper I	7 fourrer T
7 feutrer I, T, P	7 fliquer T	18 fourvoyer T, P
7 fiabiliser T	7 flirter I	7 fracasser T, P
8 fiancer T, P	7 floconner I	7 fractionner T, P
12 ficeler T	7 flotter I, T	7 fracturer T, P
7 ficher T, P	7 flotter imp. :il flotte	7 fragiliser T
7 fidéliser T	7 flouer T	7 fragmenter T, P
7 se fier P	7 fluctuer I	20 fraîchir I
9 figer I, T, P	16 fluidifier T	7 fraiser T
7 fignoler T	7 flûter I, T	7 framboiser T
7 figurer I, T, P	7 focaliser T, P	20 franchir T

T : transitif direct (p.p. variable) • **Ti** : transitif indirect (p.p. invariable) • **I** : intransitif (p.p. invariable) • **P** : construction pronominale • **imp.** : verbe impersonnel • **D** : verbe défectif • **être** : verbe conjugué avec l'auxilliaire *être* • **être ou avoir** : conjugué avec les deux auxilliaires

7 franchiser T
7 franciser T
9 franger T
7 frapper I, T, P
7 fraterniser I
7 frauder I, T
17 frayer I, T, P
7 fredonner I, T
7 freiner I, T, P
7 frelater T
20 frémir I
7 fréquenter I, T, P
7 frétiller I
7 fricasser T
7 fricoter I, T
7 frictionner T, P
16 frigorifier T
7 frimer I, T
7 fringuer I, T, P
7 friper T, P
87 frire I, T, D
7 friser I, T
7 frisotter I, T
7 frissonner I
7 froisser T, P
7 frôler T
8 froncer T, P
7 fronder I, T
7 frotter I, T, P
7 froufrouter I
16 fructifier I
7 frustrer T
7 fuguer I
37 fuir I, T, P
7 fulminer I, T
7 fumer I, T
13 fureter I
12 fuseler T
7 fuser I
7 fusiller T
7 fusionner I, T
9 fustiger T

G

7 gâcher I, T
7 gaffer I, T
9 gager T
7 gagner I, T, P
7 gainer T
7 galber T
7 galérer I
7 galonner T
7 galoper T
7 galvaniser T
7 galvauder I, T, P
7 gambader I
9 gamberger I, T
10 gangrener T, P
11 gangréner T
7 ganser T
7 ganter T, P
20 garantir T
7 garder T, P
7 garer T, P
7 se gargariser P
20 garnir T, P
7 garrotter T
7 gaspiller T
7 gâter T, P
20 gauchir I, T
7 gauler T
7 se gausser P
7 gaver T, P
16 gazéifier T
7 gazer I, T
7 gazouiller I
62 geindre I
13 geler I, T, P
16 se gélifier P
20 gémir I, T
7 se gendarmer P
7 gêner T, P

7 généraliser T, P
7 générer T
7 gerber I, T
8 gercer I, T, P
11 gérer T
7 germer I
39 gésir I, D, seul. part. prés., prés. et imparf. ind.
7 gesticuler I
7 gicler I
7 gifler T
7 gigoter I
7 gîter I
7 givrer T, P
8 glacer I, T, imp. :il glace, P
7 glaiser T
7 glander I
7 glaner I, T
20 glapir I, T
7 glisser I, T, P
7 globaliser T
16 glorifier T, P
7 gloser I, T, Ti
7 glousser I
7 glycériner T
7 gober T
9 se goberger P
7 godiller I
7 se goinfrer P
7 se gominer P
7 gommer T
7 gondoler I, P
7 gonfler I, T, P
7 gorger T, P
7 gouacher T
7 goudronner T
7 goupiller T, P
7 se gourer P
7 gourmander T
7 goûter I, T, Ti
7 goutter I
7 gouverner I, T
16 gracier T
7 graduer T

7 graffiter I, T
7 grailler I, T
7 grainer T
7 graisser I, T
20 grandir I, T, être ou
   avoir
7 granuler T
7 grappiller I, T
17 grasseyer I, T
16 gratifier T
7 gratiner I, T
7 grat(t)ouiller T
7 gratter I, T, P
7 graver I, T
20 gravir T, Ti
7 graviter I
14 gréer T
7 greffer T, P
7 grêler T, imp. : *il grêle*
7 grelotter I
7 grésiller I, imp. :
   il grésille
10 grever T
7 gribouiller I, T
7 griffer I, T
7 griffonner I, T
7 grigner I
7 grignoter I, T
9 grillager T
7 griller I, T
8 grimacer I
7 grimer T, P
7 grimper I, T
8 grincer I
7 gripper I, T, P
7 grisailler I, T
7 griser T, P
7 grisonner I
7 grognasser I, T
7 grogner T, I
12 grommeler I, T
7 gronder I, T

20 grossir I, T, être ou avoir
7 grouiller I, P
7 grouper I, T, P
9 gruger T
12 se grumeler P
20 guérir I, T, P
18 guerroyer I, T
7 guetter I, T, P
7 gueuler I, T
7 gueuletonner I
7 guider T, P
7 guigner T
7 guillotiner T
7 guincher I
7 guinder T, P

H

7 habiliter T
7 habiller T, P
7 habiter I, T
7 habituer T, T
7 hacher T
7 hachurer T
21 *haïr I, T, P
7 *haler T
7 *hâler T, P
13 *haleter I
7 halluciner T
11 hancher I, T
7 handicaper T
7 hanter T
7 happer I, T
7 *haranguer T
7 *harasser T
12 13 *harceler T
7 harmoniser T, P
7 harnacher T, P

7 harponner T
7 hasarder T, P
7 *hâter T, P
7 *hausser T, P
9 héberger T
11 hébéter T
11 héler T, P
7 helléniser I, T
20 hennir I
7 herboriser I
7 *hérisser T, P
7 hériter I, Ti
7 hésiter I
7 heurter I, T, P
7 hiberner I, T
7 hiérarchiser T
7 hisser T, P
7 hiverner I, T
7 *hocher T
16 homogénéifier T
7 homogénéiser T
7 homologuer T
20 *honnir T
7 honorer T, P
12 hoqueter I
16 horrifier T
7 horripiler T
7 hospitaliser T
7 houspiller T
7 huer I, T
7 huiler Ts
7 hululer I
7 humaniser T, P
7 humecter T, P
7 humer T
16 humidifier T
16 humilier T, P
7 *hurler I, T
7 hydrater T, P
16 hypertrophier T, P
7 hypnotiser T, P
11 hypothéquer T

T : transitif direct (p.p. variable) • **Ti** : transitif indirect (p.p. invariable) • **I** : intransitif (p.p. invariable) • **P** : construction pronominale • **imp.** : verbe impersonnel • **D** : verbe défectif • **être** : verbe conjugué avec l'auxilliaire *être* • **être ou avoir** : conjugué avec les deux auxilliaires

I

7 idéaliser T
16 identifier T, P
7 idolâtrer T, P
9 ignifuger T
7 ignorer T, P
7 illuminer T, P
7 illusionner T, P
7 illustrer T, P
7 imaginer T, P
7 imbiber T, P
7 imbriquer T, P
7 imiter T
7 immatriculer T
9 immerger T, P
7 immigrer I
8 s'immiscer P
7 immobiliser T, P
7 immoler T, P
7 immortaliser T, P
7 immuniser T, P
20 impartir T, D, seul. ind.
    prés., p.p., et pas. comp.
7 impatienter T, P
7 imperméabiliser T
7 implanter T, P
7 impliquer T, P
7 implorer T
7 imploser I
7 importer I, T,Ti
7 importuner T
7 imposer T, P
11 imprégner T, P
7 impressionner T
7 imprimer T
7 improviser I, T, P
7 impulser T
7 imputer T
7 inactiver T
7 inaugurer T
11 incarcérer T
7 incarner T, P
16 incendier T

11 incinérer T
7 inciser T
7 inciter T
7 incliner I, T, P
77 inclure T
7 incomber Ti, seul.
    3ᵉ pers.
7 incommoder T
7 incorporer T, P
7 incriminer T
7 incruster T, P
7 inculper T
7 inculquer T
7 incurver T, P
7 indemniser T
7 indexer T
11 indifférer T
7 indigner T, P
7 indiquer T
7 indisposer T
7 individualiser T, P
88 induire T
7 industrialiser T, P
7 infantiliser T
7 infecter T, P
7 inféoder T, P
11 inférer T
7 inférioriser T
7 infester T
7 infiltrer T, P
7 infirmer T
20 infléchir T, P
9 infliger T, Ti
8 influencer T
7 influer I
7 informatiser T, P
7 informer I, T, P
7 infuser I, T
16 s'ingénier P
11 ingérer T, P
7 ingurgiter T
7 inhaler T
7 inhiber T
7 inhumer T
7 initialiser T

16 initier T, P
7 injecter T, P
16 injurier T, P
7 innerver T
7 innocenter T
7 innover I, T
7 inoculer T, P
7 inonder T, P
11 inquiéter T, P
86 inscrire T, P
7 inséminer T
7 insensibiliser T
11 insérer T, P
7 insinuer T, P
7 insister I
7 insonoriser T
7 inspecter T
7 inspirer I, T, P
7 installer T, P
7 instaurer T, P
7 instiller T
7 instituer T, P
7 institutionnaliser
    T, P
88 instruire T, P
7 insuffler T
7 insulter I, T, Ti, P
7 insupporter T,
    seul. avec un pronom, p. ex.,
    Paul m'insupporte
9 s'insurger P
11 intégrer I, T, Ti, P
7 intellectualiser T
16 intensifier T, P
7 intenter T
20 interagir I
7 intercaler T
11 intercéder I
7 intercepter T
7 interclasser T
84 interdire T, P
7 intéresser T, P
11 interférer I
7 intérioriser T
7 interligner T

7 internationaliser T
7 interner T
7 interpeller T, P
7 interpoler T
7 interposer T, P
11 interpréter T
9 interroger T, P
58 interrompre T, P
24 intervenir I, être
20 intervertir T
7 interviewer T
7 intimer T
7 intimider T
7 intituler T, P
7 intoxiquer T, P
7 intriguer I, T
88 introduire T, P
7 introniser T
7 invalider T
7 invectiver I, T
7 inventer I, T, P
16 inventorier T
7 inverser T
20 investir I, T, P
7 inviter T, P
7 invoquer T
7 iriser T, P
7 ironiser I
16 irradier I, T
7 irriguer T
7 irriter T, P
7 isoler T, P

J

7 jacasser I
7 jacter I, T
20 jaillir I, être ou avoir
7 jalonner I, T

7 jalouser T, P
7 japper I
7 jardiner I, T
7 jargonner I
7 jaser I
9 jauger I, T, P
20 jaunir I, T
7 javelliser T
12 jeter T, P
7 jeûner I
7 jogger I
63 joindre I, T, P
7 joncher T
7 jongler I
7 jouer I, T, P
20 jouir I, Ti
7 jouxter T
7 jubiler I
7 jucher I, T, P
9 juger I, T, Ti
7 juguler T
7 jumeler T
7 jurer I, T, P
16 justifier T, Ti, P
7 juxtaposer T

K

7 kidnapper T
11 kilométrer T
7 klaxonner I, T

L

7 labelliser T
7 labourer T, P

8 lacer T, P
11 lacérer T
7 lâcher I, T
7 laïciser T, P
7 laisser T, P
7 lambiner I
7 lambrisser T
7 lamenter I, T, P
7 lamer T
7 laminer T
8 lancer T, P
7 lanciner I, T
9 langer T
20 languir I, P
7 lanterner I, T
7 laper T
7 lapider T
7 laquer T
7 larder T
7 larguer T
18 larmoyer I
7 lasser I, T, P
7 laver T, P
11 lécher T, P
7 légaliser T
7 légender T
11 légiférer I
7 légitimer T
11 léguer T, P
16 lénifier T
11 léser T
7 lésiner I
7 lessiver T
7 lester T, P
7 leurrer T, P
10 lever I, T, P
7 léviter I
7 lézarder I, T
7 libeller T
7 libéraliser T
11 libérer T, P
16 licencier T

T : transitif direct (p.p. variable) • **Ti** : transitif indirect (p.p. invariable) • **I** : intransitif (p.p. invariable) • **P** : construction pronominale • **imp.** : verbe impersonnel • **D** : verbe défectif • **être** : verbe conjugué avec l'auxilliaire *être* • **être ou avoir** : conjugué avec les deux auxilliaires

16 lier T, P
7 lifter T
7 ligaturer T
7 ligner T
7 ligoter T
7 liguer T, P
7 limer I, T, P
7 limiter T, P
9 limoger T
16 liquéfier T, P
7 liquider T
83 lire I, T
7 lisser T
7 lister T
16 lithographier T
7 livrer T, P
7 localiser T
9 loger I, T, P
9 longer T
7 lorgner T
20 lotir T
9 louanger T
7 loucher I
7 louer T, P
7 louper I, T, P
7 lourder T
18 louvoyer I
7 lover T, P
16 lubrifier T
88 luire I
7 lustrer T
7 lutiner T
7 lutter I
7 luxer T, P
7 lyncher T
7 lyophiliser T

M

11 macérer I, T
7 mâcher T

7 machiner T
7 mâchonner T
7 mâchouiller T
7 maçonner T
7 maculer T
7 magasiner I, T
7 se magner P
7 magnétiser T
16 magnifier T
7 magouiller I, T
20 maigrir I, T, être ou
     avoir
24 maintenir T, P
7 maîtriser T, P
7 majorer T
7 malaxer T
10 malmener T
7 maltraiter T
7 mamelonner T
9 manager T
7 mandater T
7 mander T
9 manger T, P
16 manier T, P
7 manifester I, T, P
8 manigancer T, P
7 manipuler T
7 manœuvrer I, T
7 manquer I, T, Ti, P
7 manucurer T
7 manufacturer T
7 manutentionner T
7 maquer T, P
7 maquetter T
7 maquiller T, P
7 marauder I, T
7 marbrer T
7 marchander I, T
7 marcher I
7 marcotter T
9 marger I, T
7 marginaliser T, P
7 marginer T
16 marier T, P
7 mariner I, T

7 marivauder I
7 marmonner T
7 marner I, T
7 marquer I, T
7 se marrer P
13 marteler T
7 martyriser T
7 masquer I, T, P
7 massacrer T, P
7 masser T, P
16 massifier T
7 mastiquer I, T
7 masturber T, P
7 matelasser T
7 mater I, T
7 mâter T
7 matérialiser T, P
7 materner T
7 mathématiser T
7 matraquer T
20 maudire T, p.p. *maudit,*
     maudite
14 maugréer I, T
7 maximaliser T
7 maximiser T
7 mécaniser T
11 mécher T
69 méconnaître T
7 mécontenter T
7 médailler T
7 médiatiser T
7 médicaliser T
84 médire Ti,
     seul. 2ᵉ pers. pl. ind. prés. et
     impératif : *vous médisez*
7 méditer I, T
7 méduser T
5 se méfier P
7 mégoter I, T
9 méjuger T, Ti, P
9 mélanger T, P
7 mêler T, P
7 mémoriser I, T
8 menacer I, T
9 ménager T, P

16 mendier I, T
10 mener I, T
7 menotter T
7 mensualiser T
7 mentionner T
26 mentir I, Ti, P
7 menuiser T
59 se méprendre P
7 mépriser T, P
7 meringuer T
7 mériter T, Ti
16 se mésallier P
7 mésestimer T
7 mesurer I, T, P
7 métaboliser T
7 métalliser T
7 métamorphoser T, P
7 métaphoriser T
7 métisser T
61 mettre T, P
7 meubler T, P
7 meugler I
20 meurtrir T
7 miauler I
7 microfilmer T
7 migrer I
7 mijoter I, T, P
7 militariser T
7 militer I
7 mimer T
7 minauder I
20 mincir I
7 miner T
7 minéraliser T
7 miniaturiser T
7 minimiser T
7 minorer T
7 minuter T
7 mirer T, P
7 miroiter I
7 miser I, T
7 se miter P

9 mitiger T
7 mitonner I, T, P
7 mitrailler I, T
7 mixer T
7 mobiliser T, P
13 modeler T, P
7 modéliser T
11 modérer T, P
7 moderniser T, P
16 modifier T, P
7 moduler T, P
7 moirer T
20 moisir I
7 moissonner T
7 molester T
20 mollir I, T
16 momifier T, P
7 mondialiser T, P
7 monétiser T
17 monnayer T
7 monologuer I
7 monopoliser T
7 monter I, T, être ou
      avoir, P
7 montrer T, P
7 moquer T, P
7 moquetter T
7 moraliser I, T
12 morceler T
7 mordiller T
58 mordre I, T, Ti, P
7 morfler T
58 se morfondre P
16 mortifier T, P
7 motiver T
7 motoriser T
7 moucharder I, T
7 moucher I, T, P
12 moucheter T
80 moudre T
12 moufeter I, D,
      seul. inf. et passé comp.

7 moufter I, D,
      seul. inf., imparf. et passé
      comp.
7 mouiller I, T, P
7 mouler I, T
7 mouliner I, T
7 moulurer T
35 mourir I, être
35 se mourir P, D,
      seul. prés. et imparf. et
      part. prés. *(se mourant)*
7 mousser I
7 moutonner I
7 mouvementer T
46 mouvoir T, P
7 muer I, T, P
20 mugir I
16 multiplier I, T, P
20 munir T, P
7 murer T, P
20 mûrir I, T
7 murmurer I, T
7 musarder I
7 muscler T
12 museler T
7 muser I
7 musiquer I, T
7 muter I, T
7 mutiler T, P
7 se mutiner P
7 mutualiser T
16 mystifier T
16 mythifier I, T

N

7 nacrer T, P
9 nager I, T
70 naître I, être

T : transitif direct (p.p. variable) • **Ti** : transitif indirect (p.p. invariable) • **I** : intransitif (p.p. invariable) • **P** : construction pronominale • **imp.** : verbe impersonnel • **D** : verbe défectif • **être** : verbe conjugué avec l'auxiliaire *être* • **être ou avoir** : conjugué avec les deux auxiliaires

20 nantir T, P
7 napper T
7 narguer T
7 narrer T
7 nasaliser T, P
7 nasiller I, T
7 nationaliser T
7 natter T
7 naturaliser T
7 naviguer I
7 navrer T
7 nécessiter T
9 négliger T, P
16 négocier I, T, P
9 neiger imp.: *il neige*
7 nervurer T
18 nettoyer T
7 neutraliser T, P
7 nicher I, T, P
16 nidifier I
16 nier I, T
7 nimber T, P
7 nipper T, P
12 niveler T
8 nocer I
20 noircir T, I, P
7 nomadiser I
7 nombrer T
7 nominaliser T
7 nommer T, P
7 normaliser T
7 noter T
16 notifier T
7 nouer I, T, P
20 nourrir I, T, P
7 noyauter T
18 noyer T, P
8 nuancer T
88 nuire Ti
88 se nuire P, p.p. invariable
7 numériser T
7 numéroter T, P

O

20 obéir Ti,
à la voix passive
11 obérer T
7 objecter T
7 objectiver T, P
9 obliger T, P
7 obliquer I
11 oblitérer T
7 obnubiler T
20 obscurcir T, P
11 obséder T
7 observer T, P
7 s'obstiner
7 obstruer T, P
11 obtempérer I, Ti
24 obtenir T, P
7 obturer T
7 occasionner T
7 occidentaliser T, P
occire D,
seul. inf., passé comp. et
p.p. *(occis, occise)*
7 occulter T
7 occuper T, P
18 octroyer T, P
7 œuvrer I
7 offenser T, P
7 officialiser T
16 officier I
28 offrir T, P
7 offusquer T, P
63 oindre T, D, P,
surtout inf. et p.p. *(oint,*
ointe, oints, ointes), et aussi
imparfait *(ils oignaient)*
9 ombrager T
7 ombrer T
61 omettre T
18 ondoyer I, T
7 onduler I, T
16 opacifier P, T
7 opaliser T

11 opérer I, T, P
7 opiner I
7 s'opiniâtrer P
7 opposer T, P
7 oppresser T
7 opprimer T
7 opter I
7 optimaliser T
7 optimiser T
7 oraliser T
7 orchestrer T
8 ordonnancer T
7 ordonner I, T, P
7 organiser T, P
7 orienter T, P
7 ornementer T
7 orner T
16 orthographier I, T, P
7 osciller I
7 oser T
16 ossifier T, P
7 ôter T, P
16 oublier I, T, P
38 ouïr T, D,
surtout p.p. et passé comp.
20 ourdir T, P
7 ourler T
7 outiller T, P
9 outrager T
7 outrepasser T
7 outrer T
28 ouvrir I, T, P
7 ovationner T
7 ovuler I
7 oxyder T, P
11 oxygéner T, P

P

16 pacifier T
7 pacquer T

7 pactiser I	7 parler I, T, Ti	7 peinturer T
17 pagayer I	7 se parler P, p.p.	7 peinturlurer T
7 paginer T	invariable	13 peler I, T
12 pailleter T	16 parodier T	12 pelleter T
71 paître I, T, D	7 parquer I, T	7 peloter I, T
7 palabrer I	7 parrainer T	7 pelotonner T, P
20 pâlir I, T	10 parsemer T	7 pelucher I
7 palissader T	9 partager T, P	7 pénaliser T
7 palisser T	7 participer Ti	7 pencher I, T, P
16 pallier T	7 particulariser T, P	7 pendouiller I
7 palper T	26 partir I, être	58 pendre I, T, P
7 palpiter I	26 partir T, D seul. inf. dans	11 pénétrer I, T, P
7 se pâmer P	l'expression *avoir maille à*	7 penser I, T, Ti
7 panacher I, T	*partir*	7 pensionner T
7 paner T	24 parvenir I, Ti, être	16 pépier I
16 panifier T	7 passer I, T, être ou avoir, P	8 percer I, T
7 paniquer I, T	7 passionner T, P	40 percevoir T
7 panser T	7 pasteuriser T	7 percher I, T, P
7 pantoufler I	7 pasticher T	7 percuter I, T
7 papillonner I	9 patauger I	58 perdre I, T, P
7 papilloter I, T	7 patienter I	7 perdurer I
7 papoter I	7 patiner I, T, P	7 pérenniser T
10 parachever T	20 pâtir I	7 perfectionner T, P
7 parachuter T	7 pâtisser I	7 perforer T
7 parader I	7 patoiser I	7 perfuser T
7 paraffiner T	7 patronner T	7 péricliter I
69 paraître I, être ou avoir	7 patrouiller I	7 se périmer P
7 paralyser T	7 pâturer I, T	7 périphraser I
7 paramétrer T	7 paumer T, P	20 périr I
7 paraphraser T	7 paupériser T	7 perler I, T
7 parasiter T	7 pauser I	7 permanenter T
7 parcheminer T, P	7 se pavaner P	61 permettre T, P
34 parcourir T	7 paver T	7 permuter I, T
7 pardonner I, T, P	7 pavoiser I, T	7 pérorer I
7 parer T, Ti, P	17 payer I, T, P	11 perpétrer T, P
7 paresser I	7 peaufiner T	7 perpétuer T, P
67 parfaire T, D, surtout	11 pécher I	7 perquisitionner I
inf., p.p. et passé composé	7 pêcher I, T, P	7 persécuter T
7 parfumer T, P	7 pédaler I	11 persévérer I
16 parier I, T	7 peigner T, P	7 persifler T
7 se parjurer P	62 peindre I, T, P	7 persister I
7 parlementer I	7 peiner I, T	7 personnaliser T

T : transitif direct (p.p. variable) • **Ti** : transitif indirect (p.p. invariable) • **I** : intransitif (p.p. invariable) • **P** : construction pronominale • **imp.** : verbe impersonnel • **D** : verbe défectif • **être** : verbe conjugué avec l'auxilliaire *être* • **être ou avoir** : conjugué avec les deux auxilliaires

16 personnifier T
7 persuader T, P
7 perturber T
20 pervertir T, P
10 peser I, T, P
7 pester I
7 pétarader I
11 péter I, T
7 pétiller I
7 petit-déjeuner I
7 pétitionner I
16 pétrifier T, P
20 pétrir T
7 peupler T, P
7 phagocyter T
7 philosopher I
7 phosphater T
7 phosphorer I
16 photocopier T
16 photographier T
7 phraser I, T
7 piaffer I
7 piailler I
7 pianoter I, T
7 picoler I, T
7 picorer I, T
7 picoter T
15 piéger T
7 piétiner I, T
7 se pieuter P
7 pigeonner T
9 piger I, T
7 pigmenter T
7 piler I, T
7 piller T
7 pilonner T
7 piloter T
7 pimenter T
7 pinailler I
8 pincer I, T, P
7 piocher I, T
8 pioncer I
7 piper I, T
7 pique-niquer I
7 piquer I, T

12 piqueter T
7 pirater I, T
7 pirouetter I
7 pisser I, T
7 pister T
7 pistonner T
7 pivoter I
7 placarder T
8 placer T, P
7 plafonner I, T
16 plagier I, T
7 plaider I, T
64 plaindre T, P
68 plaire I, Ti
68 se plaire P, p.p.
    invariable
7 plaisanter I, T
7 plancher I
7 planer I, T
16 planifier T
7 planquer I, T, P
7 planter I, T
7 plaquer T, P
16 plastifier T
7 plastiquer T
7 plastronner I, T
7 platiner T
7 plâtrer T
7 plébisciter T
7 pleurer I, T
7 pleurnicher I
7 pleuvioter
    imp. : il pleuviote
47 pleuvoir I
    imp. : il pleut
7 pleuvoter
    imp. : il pleuvote
16 plier I, T, P
7 plisser I, T, P
7 plomber T, P
9 plonger I, T, P
18 ployer I, T
7 plucher I
7 plumer I, T, P
7 pocher I, T

7 poêler T
7 poétiser T
7 poignarder T
7 se poiler P
7 poinçonner T
63 poindre I, T, D seul. inf.,
    3ᵉ pers. prés., imparf., futur
    ind., part. prés.
7 pointer T, P
7 pointiller I, T
7 poireauter I
7 poisser I, T
7 poivrer T, P
7 polariser T, P
7 polémiquer I
8 policer T
20 polir T, P
7 polissonner I
7 politiquer I
7 politiser T, P
7 polluer I, T
16 polycopier T
7 pommader T, P
12 se pommeler P
7 pommer I
7 pomper I, T
7 pomponner T, P
8 poncer T
7 ponctionner T
7 ponctuer T
11 pondérer T
58 pondre I, T
7 ponter I, T
16 pontifier I
7 populariser T, P
7 porter I, T, Ti, P
7 portraiturer T
7 poser I, T, P
7 positionner T, P
7 positiver I, T
11 posséder T, P
7 postdater T
7 poster T, P
7 postillonner I
7 postposer T

7 postsynchroniser T
7 postuler I, T
7 potasser I, T
7 potentialiser T
7 poudrer T, P
18 poudroyer I
7 pouffer I
7 pouponner I
7 pourchasser T, P
58 pourfendre T
11 pourlécher T, P
20 pourrir I, T, être ou avoir
81 poursuivre T, P
42 pourvoir T, Ti, P
7 pousser I, T, P
45 pouvoir I, T
45 se pouvoir P, imp. : il se
   peut
7 pratiquer I, T, P
7 précariser T, P
7 précautionner T, P
11 précéder I, T
7 préchauffer T
7 prêcher I, T
7 précipiter T, P
7 préciser I, T, P
7 précompter T
7 préconiser T
7 prédestiner T
7 prédéterminer T
84 prédire T
7 prédisposer I, T
7 prédominer I
20 préétablir T
7 préexister I
8 préfacer T
11 préférer I, T, P
7 préfigurer T
7 préfixer T
7 préformer T
16 préjudicier I
9 préjuger T, Ti

7 se prélasser P
10 prélever T
7 préluder I, Ti
7 préméditer T, Ti
20 prémunir T, P
59 prendre I, T, P
7 prénommer T, P
7 préoccuper T, P
7 préparer T, P
7 préposer T
7 prérégler T
9 présager T
86 prescrire I, T, P
7 présélectionner T
7 présenter I, T, P
7 préserver T, P
7 présider I, T, Ti
26 pressentir T
7 presser I, T, P
7 pressurer T, P
7 présumer T, Ti
7 présupposer T
7 présurer T
58 prétendre T, Ti, P
7 prêter I, T, P
7 prétexter T
49 prévaloir I, P
24 prévenir T
41 prévoir T
16 prier I, T
7 primer I, T
7 priser I, T
7 privatiser T
7 priver T, P
16 privilégier T
11 procéder I, Ti
7 proclamer T
14 procréer T
7 procurer T, P
7 prodiguer T, P
88 produire I, T, P
7 profaner T

11 proférer T
7 professer I, T
7 professionnaliser
   T, P
7 profiler T, P
7 profiter Ti
7 programmer I, T
7 progresser I
7 prohiber T
12 projeter T, P
7 prolétariser T
11 proliférer I
9 prolonger T, P
10 promener T, P
61 promettre I, T, P
46 promouvoir T, surtout
   inf., p.p. *(promu, promue,*
   promus, promues), passé
   comp. et voix passive
7 promulguer T
7 prôner I, T
8 prononcer I, T, P
7 pronostiquer T
9 propager T, P
7 prophétiser I, T
7 proportionner T, P
7 proposer I, T, P
7 propulser T, P
9 proroger T, P
86 proscrire T
7 prospecter I, T
11 prospérer I
7 prosterner T, P
7 prostituer T, P
15 protéger T, P
7 protester I, T, Ti
7 prouver T, P
24 provenir I, être
7 provisionner T
7 provoquer T, P
16 psalmodier I, T

T : transitif direct (p.p. variable) • **Ti** : transitif indirect (p.p. invariable) • **I** : intransitif (p.p. invariable) • **P** : construction pronominale • **imp.** : verbe impersonnel • **D** : verbe défectif • **être** : verbe conjugué avec l'auxiliaire *être* • **être ou avoir** : conjugué avec les deux auxiliaires

7 psychanalyser T
16 publier I, T
7 puer I, T
7 puiser I, T
7 pulluler I
7 pulvériser T
7 punaiser T
20 punir T
9 purger T, P
16 purifier T, P
16 putréfier T, P

Q

7 quadriller T
7 quadrupler I, T
16 qualifier T, P
16 quantifier T
7 quémander I, T
7 quereller T, P
quérir T, D, seul. infinitif
7 questionner T, P
7 quêter I, T
7 quintupler I, T
7 quitter I, T, P

R

7 rabâcher I, T
7 rabaisser T,
60 rabattre I, T, P
7 rabibocher T, P
7 rabioter I, T
7 raboter T
20 se rabougrir P
7 rabouter T
7 rabrouer T
7 raccommoder T, P
7 raccompagner T

7 raccorder T, P
20 raccourcir I, T
7 raccrocher I, T, P
13 racheter T, P
7 racketter T
7 racler T, P
7 racoler T
7 raconter T, P
20 racornir T, P
7 radicaliser T, P
16 radier T
7 radiner P
7 radiodiffuser T
16 radiographier T
7 radioguider T
7 radoter I
20 radoucir I, T, P
20 raffermir T, P
7 raffiner I, T
7 raffoler Ti
7 rafistoler T
7 rafler T
20 rafraîchir I, T, P
20 ragaillardir T
9 rager I
20 raidir T, P
7 railler I, T, P
7 rainurer T
7 raisonner I, T, Ti, P
20 rajeunir I, T, être ou
avoir, P
7 rajouter T
7 rajuster T, P
20 ralentir I, T, P
7 râler I
16 rallier I, T, P
9 rallonger I, T
7 rallumer I, T, P
9 ramager I, T
7 ramasser T, P
7 ramender T
10 ramener T, P
7 ramer I, T
7 rameuter T, P
16 se ramifier P

20 ramollir T, P
7 ramoner I, T
7 ramper I
7 rancarder T, P
20 rancir I, P
7 rançonner T
7 randonner I
9 ranger T, P
7 ranimer T, P
16 rapatrier T
7 râper T
7 rapetisser I, T, P
8 rapiécer T
7 rapiner I
20 raplatir T
12 rappeler I, T, P
7 rapper I
7 rappliquer I
7 rapporter I, T, P
7 rapprocher I, T, P
7 rapproprier T
7 raquer I, T
16 raréfier T, P
11 raser T, P
16 rassasier T, P
7 rassembler T, P
51 rasseoir I, T, P,
p.p. *rassis, rassise, rassises*
11 rasséréner T, P
7 rassurer T, P
7 ratatiner T, P
7 rater I, T, P
7 ratiboiser T
16 ratifier T
7 rationaliser T
7 rationner T, P
7 ratisser T
7 rattacher T, P
7 rattraper T, P
7 raturer T
9 ravager T
7 ravaler T, P
7 ravauder I, T
7 ravigoter T
7 raviner T

20 ravir T	7 rebuter I, T, P	25 reconquérir T
7 se raviser P	12 recacheter T	11 reconsidérer T
7 ravitailler T, P	7 recaler T	7 reconsolider T
7 raviver T, P	7 récapituler T	7 reconstituer T, P
17 rayer T	7 recaser T, P	88 reconstruire T
7 rayonner I, T	7 recéder T	20 reconvertir T, P
7 réabonner T, P	13 receler I, T	16 recopier T
7 réabsorber T	11 recéler I, T	9 recorriger T
7 réaccoutumer T, P	7 recenser T	7 recoucher T, P
7 réactiver T	7 recentrer T	79 recoudre T
7 réactualiser T	7 réceptionner T	7 recouper T, P
7 réadapter T, P	7 recercler T	7 recourber T, P
7 réaffirmer T	40 recevoir I, T, P	34 recourir I, Ti
20 réagir I, Ti	9 rechanger T	7 recouvrer T
7 réajuster T	7 rechanter T	28 recouvrir T, P
7 réaliser T, P	7 rechaper T	7 recracher I, T
7 réaménager T	7 réchapper I, être ou avoir	14 recréer T
7 réanimer T		14 récréer T, P
69 réapparaître I, être ou avoir	9 recharger T	16 se récrier P
	7 rechasser I, T	7 récriminer I
59 réapprendre T	7 réchauffer T, P	86 récrire T
7 réapprovisionner T, P	7 rechausser T, P	7 se recroqueviller P
7 réargenter T	7 rechercher T	7 recruter I, T, P
7 réarmer I, T	7 rechigner I, Ti	16 rectifier T
9 réarranger T	7 rechuter I	29 recueillir T, P
7 réassigner T	7 récidiver I, être ou avoir	88 recuire I, T
20 réassortir T, P	7 réciter T	7 reculer I, T, P
7 réassurer T, P	7 réclamer I, T, P	11 récupérer T
7 rebaisser I	7 reclasser T	7 récurer T
20 rebâtir T	7 reclouer T	7 récuser T
60 rebattre T	7 recoiffer T, P	7 se récuser T
7 se rebeller P	7 recoller T, Ti	7 recycler T, P
7 se rebiffer P	7 récolter T, P	28 redécouvrir T
7 rebiquer I	7 recommander T, P	67 redéfaire T
7 reboiser T	8 recommencer I, T	20 redéfinir T
20 rebondir I	7 récompenser T	7 redemander T
7 reborder T	7 recomposer T, P	7 redémarrer I
7 reboucher T, P	7 recompter T	58 redescendre I,T, être ou avoir
7 rebouter T	16 réconcilier T, P	
7 reboutonner T, P	88 reconduire T	24 redevenir I, être
7 rebroder T	7 réconforter T, P	7 rediffuser T
7 rebrousser I, T, P	69 reconnaître T, P	9 rédiger I, T

T : transitif direct (p.p. variable) • **Ti** : transitif indirect (p.p. invariable) • **I** : intransitif (p.p. invariable) • **P** : construction pronominale • **imp.** : verbe impersonnel • **D** : verbe défectif • **être** : verbe conjugué avec l'auxilliaire *être* • **être ou avoir** : conjugué avec les deux auxilliaires

84 redire T, Ti
7 rediscuter T
7 redistribuer T
7 redonner I, T
7 redorer T
7 redoubler I, T, Ti
7 redouter T
7 redresser T, P
88 réduire T, P
86 réécrire T
16 réédifier T
7 rééditer T
7 rééduquer T
83 réélire T
7 réembaucher T
18 réemployer T
8 réensemencer T
58 réentendre T
7 rééquilibrer T
17 réessayer T
7 réévaluer T
7 réexaminer T
16 réexpédier T
7 réexporter T
67 refaire T, P
58 refendre T
8 référencer T
11 référer Ti, P
7 refermer T, P
7 refiler T
20 réfléchir I, T, Ti, P
11 refléter T, P
20 refleurir I, T
7 refluer I
58 refondre I, T
7 reformer T, P
7 réformer T, P
7 reformuler T
7 refouiller T
7 refouler I, T
7 réfracter T
11 refréner T
11 réfréner T, P
11 réfrigérer T
20 refroidir I, T, P

16 se réfugier P
7 refuser I, T, P
7 réfuter T
7 regagner T
7 régaler T, P
7 regarder I, T, Ti, P
20 regarnir T
7 régater I
13 regeler I, T
11 régénérer T, P
7 régenter I, T
7 regimber I, P
7 régionaliser T
20 régir T
7 réglementer T
11 régler T, P
11 régner I
7 regonfler I, T
9 regorger I
7 regreffer T
7 régresser I
7 regretter T
20 regrossir I
7 regrouper T, P
7 régulariser T
7 réguler T, P
7 régurgiter T
7 réhabiliter T
7 réhabituer T, P
7 rehausser T
7 réhydrater T
16 réifier T
7 réimperméabiliser T
7 réimplanter T
7 réimporter T
7 réimposer T
7 réimprimer T
11 réincarcérer T, P
7 réincorporer T
7 réinfecter T, P
7 réinjecter T
86 réinscrire T, P
11 réinsérer T, P
7 réinstaller T, P
11 réintégrer T

11 réinterpréter T
88 réintroduire T
7 réinventer T
7 réinviter T
11 réitérer I, T
20 rejaillir I
12 rejeter T, P
63 rejoindre T, P
7 rejouer I, T
20 réjouir T, P
7 relâcher I, T, P
8 relancer I, T
7 relater T
7 relativiser T
7 relaver I, T
7 relaxer T, P
17 relayer I, T, P
11 reléguer T
10 relever I, T, Ti, P
16 relier T
83 relire T, P
9 reloger T, P
7 relooker T
7 relouer T
88 reluire I
7 reluquer T
7 remâcher T
7 remailler T
9 remanger T
16 remanier T
7 remaquiller T, P
7 remarcher I
16 remarier T, P
7 remarquer T, P
7 remballer T
7 rembarquer I, T, P
7 rembarrer T
7 rembaucher T
7 rembobiner T
7 remboîter T
7 rembourrer T
7 rembourser T
20 rembrunir T, P
16 remédier Ti
7 remembrer T

7 remémorer T, P
16 remercier T
61 remettre T, P
7 remeubler T
7 remilitariser T, P
7 remiser T, P
10 remmener T
13 remodeler T
7 remonter I, T, être ou
   avoir, P
7 remontrer I, T, Ti, P
58 remordre T
7 remorquer T
7 remouiller I, T
7 rempailler T
12 rempaqueter T
11 rempiéter T
7 rempiler I, T
7 remplacer T, P
20 remplir T, P
18 employer T
7 remplumer T, P
7 rempocher T
7 remporter T
7 rempoter T
7 remprunter T
7 remuer I, T, P
11 rémunérer T
7 renâcler I
70 renaître I, Ti, être; p.p.
   et passé comp.
7 renauder I
7 rencaisser T
7 rencarder T
20 renchérir I, T
7 rencontrer T, P
33 rendormir T, P
58 rendre I, T, P
7 renfermer T, P
7 renfiler T
7 renflammer T
7 renfler I, T, P

7 renflouer T
8 renfoncer T
8 renforcer T
7 se renfrogner P
7 rengager I, T, P
7 rengainer T
9 se rengorger P
16 renier T, P
7 renifler I, T
7 renommer T
8 renoncer T, Ti
7 renouer T, P
12 renouveler I, T, P
7 rénover T
7 renseigner T, P
7 rentabiliser T
7 rentrer I, T, être ou avoir
7 renverser T, P
19 renvoyer T, P
7 réoccuper T
11 réopérer T
7 réorganiser T, P
7 réorienter T
72 repaître T, P
58 répandre T, P
69 reparaître I, être ou
   avoir
7 réparer T
7 reparler I, P
26 repartir *(partir à*
   nouveau) I, être
26 repartir *(répondre)* T
20 répartir T, P
7 se repasser P
7 repasser I, T, être ou
   avoir, P
7 repaver T
17 repayer T
7 repêcher T
62 repeindre T
7 repenser I, T
26 se repentir P

8 repercer T
7 répercuter T, P
58 reperdre T
11 repérer T, P
16 répertorier T
11 répéter T, P
7 repeupler T, P
7 repiquer I, T
8 replacer T, P
7 replanter I, T, P
7 replâtrer T
47 repleuvoir imp. : *il*
   repleut
16 replier T, P
7 répliquer I, T, P
9 replonger I, T, P
58 répondre I, T, Ti, P
7 reporter T, P
7 reposer I, T, P
7 repositionner T
7 repousser I, T
59 reprendre I, T, P
7 représenter I, T, P
7 réprimander T
7 réprimer T
7 repriser T
7 reprocher T, P
88 reproduire T, P
7 reprogrammer T
16 reprographier T
7 réprouver T
16 répudier T
7 répugner T, Ti
7 réputer T
16 requalifier T, P
25 requérir T
7 requinquer T, P
7 réquisitionner T
7 resaler T
20 resalir T, P
7 resemer T
7 réserver T, P

T : transitif direct (p.p. variable) • **Ti** : transitif indirect (p.p. invariable) • **I** : intransitif (p.p. invariable) • **P** : construction pronominale • **imp.** : verbe impersonnel • **D** : verbe défectif • **être** : verbe conjugué avec l'auxiliaire *être* • **être ou avoir** : conjugué avec les deux auxiliaires

7 résider I
7 résigner T, P
16 résilier T
7 résister Ti
7 résonner I
7 résorber T, P
78 résoudre T, P
7 respecter T, P
7 respirer I, T
20 resplendir I
7 responsabiliser T
7 resquiller I, T
7 ressaigner I, T
20 ressaisir T, P
7 ressasser T
7 ressauter I, T
7 ressembler Ti
7 se ressembler P, p.p. invariable
12 ressemeler T
7 ressemer T, P
26 ressentir T, P
7 resserrer T, P
36 resservir I, T, P
20 ressortir *(du ressort de)* Ti, avoir
26 ressortir *(sortir de nouveau)* I, T, être ou avoir
7 ressouder T, P
8 ressourcer T, P
24 se ressouvenir P
20 ressurgir I
7 ressusciter I, T, être ou avoir
18 ressuyer T, P
7 restaurer T, P
7 rester I, être
7 restituer T
62 restreindre T, P
7 restructurer T
7 résulter I, être ou avoir ; seul. 3ᵉ pers., part. prés. et p.p.
7 résumer T, P
20 resurgir I

20 rétablir T, P
7 retailler T
7 rétamer T, P
7 retaper T, P
7 retapisser T
7 retarder I, T
58 retendre T
24 retenir I, T, P
7 retenter T
20 retentir I
7 retirer T, P
7 retisser T
7 retomber I, être
58 retordre T
7 rétorquer T
7 retoucher T, Ti
7 retourner I, T, être ou avoir, P
8 retracer T
7 rétracter T, P
7 retraiter T
7 retrancher T, P
86 retranscrire T
61 retransmettre T
7 retravailler I, T, Ti
7 retraverser T
20 rétrécir I, T, P
7 retremper T, P
7 rétribuer T
20 rétroagir I
11 rétrocéder I, T
7 rétrograder I, T
7 retrousser T, P
7 retrouver T, P
16 réunifier T
20 réunir T, P
20 réussir I, T, Ti
7 réutiliser T
7 revacciner T
49 revaloir T, D, seul. inf., futur et cond. présent
7 revaloriser T
7 se revancher P
7 rêvasser I

7 réveiller T, P
7 réveillonner I
11 révéler T, P
7 revendiquer I, T, P
58 revendre T, P
24 revenir I, être
7 rêver I, T, Ti
11 réverbérer T, P
20 reverdir I, T
11 révérer T
20 revernir T
7 reverser T
27 revêtir T, P
7 revigorer T
7 réviser T
7 revisiter T
7 revisser T
7 revitaliser T
16 revivifier T
82 revivre I, T
41 revoir T, P
7 revoler I, T
7 révolter T, P
7 révolutionner T
7 révolvériser T
7 révoquer T
7 revoter T
50 revouloir T
7 révulser T, P
7 rewriter T
7 rhabiller T, P
7 ricaner I
7 ricocher I
7 rider T, P
7 ridiculiser T, P
16 rigidifier T
7 rigoler I
7 rimer I, T
8 rincer T, P
7 ripailler I
7 riper I, T
7 riposter I, T
85 rire I
85 se rire P, p.p. invariable
7 risquer T, P

7 rissoler I, T
7 ristourner T
7 ritualiser T
7 rivaliser I
7 river T
7 robotiser T
7 roder T
7 rôder I
7 rogner I, T
20 roidir T, P
8 romancer T
58 rompre I, T, P
7 ronchonner I
7 ronfler I
9 ronger T, P
7 ronronner I
7 roser T
20 rosir I, T
7 rosser T
7 roter I
20 rôtir I, T, P
7 roucouler I, T
7 rouer T
18 rougeoyer I
20 rougir I, T
7 rouiller I, T, P
7 rouler I, T, P
7 roupiller I
11 rouspéter I
20 roussir I, T
28 rouvrir I, T, P
7 rubaner T
7 rudoyer T
7 ruer I, P
20 rugir I, T
7 ruiner T, P
12 ruisseler I
7 ruminer I, T
7 ruser I
7 rustiquer T
7 rutiler I
7 rythmer T

S

7 sabler I, T
7 saborder T, P
7 saboter I, T
7 sabrer I, T
7 saccader T
9 saccager T
7 sacquer T
7 sacraliser T
7 sacrer T
16 sacrifier T, P
7 safraner T
7 saigner I, T, P
20 saillir *(accoupler)* T, D
   seul. inf., 3ᵉ pers. temps
   simples et part. prés.
   (saillissant)
30 saillir *(sortir)* I, D
   comme *assaillir* mais seul.
   inf. et 3ᵉ pers.
20 saisir T, P
7 salarier T
7 saler T
20 salir T, P
7 saliver I
7 saloper T
7 saluer T, P
16 sanctifier T
7 sanctionner T
7 sanctuariser T
7 sandwicher T
7 sangler T, P
7 sangloter I
7 saper T, P
7 sarcler T
7 sasser T
7 satelliser T, P

7 satiner T
7 satiriser T
67 satisfaire T, Ti, P
7 saturer I, T
8 saucer T
7 saucissonner I, T
7 saumurer T
7 saupoudrer T
7 sauter I, T
7 sautiller I
7 sauvegarder T
7 sauver I, T, P
43 savoir T, T, P
7 savonner T, P
7 savourer T
7 scalper T
7 scandaliser I, T, P
7 scander T
7 scanner T
16 scarifier T
7 sceller T
7 scénariser T
7 schématiser I, T
7 schlinguer I
16 scier I, T
7 scinder T, P
7 scintiller I
7 se scléroser P
7 scolariser T
7 scotcher T
7 scratcher I, T
7 scruter T
7 sculpter I, T
11 sécher I, T
7 seconder T
7 secouer T, P
34 secourir T
11 sécréter T
7 sectionner T, P
7 sectoriser T
7 séculariser T
7 sécuriser T

T : transitif direct (p.p. variable) • **Ti** : transitif indirect (p.p. invariable) • **I** : intransitif (p.p. invariable) • **P** : construction pronominale • **imp.** : verbe impersonnel • **D** : verbe défectif • **être** :
verbe conjugué avec l'auxilliaire *être* • **être ou avoir** : conjugué avec les deux auxilliaires

7 sédentariser T
7 sédimenter T
88 séduire I, T
7 segmenter T, P
7 séjourner I
7 sélectionner T
7 seller T
7 sembler I
10 semer I, T
7 sensibiliser T, P
26 sentir I, T, P
7 séparer T, P
8 séquencer T
7 séquestrer T
16 sérier T
7 seriner T
7 sermonner T
7 serpenter I
7 serrer I, T, P
20 sertir T
36 servir I, T, Ti, P
20 sévir I
7 sevrer T
7 sextupler I, T
7 sexualiser T
7 shampooiner T
7 shampouiner T
7 shooter I, T
7 shunter T
11 sidérer T
15 siéger I
7 siffler I, T
7 siffloter I, T
7 signaler T, P
7 signaliser T
7 signer I, T, P
16 signifier T
7 silhouetter T, P
7 siliconer T
7 sillonner T
16 simplifier T
7 simuler T
9 singer T
7 singulariser T, P
7 sinuer I

7 siphonner T
7 siroter T
7 situer T, P
16 skier I
7 slalomer I
7 smurfer I
7 snober T
7 socialiser T
7 soigner I, T, P
7 solder T, P
7 solenniser T
7 solidariser T, P
16 solidifier T, P
7 soliloquer I
7 solliciter T
7 solubiliser T
7 solutionner T
7 somatiser I, T
7 sombrer I
7 sommeiller I
7 sommer T
7 somnoler I
7 sonder T
9 songer I, Ti
7 sonner I, T, Ti, être ou
      avoir
7 sonoriser T
7 sophistiquer T, P
26 sortir I, T, être ou avoir, P
20 sortir *(droit)* T, D, seul.
      3e pers. *(sortissait)*
16 soucier T, P
7 souder T, P
18 soudoyer T
7 souffler I, T
12 souffleter T
28 souffrir I, T, P
7 soufrer T
7 souhaiter T
7 souiller T
9 soulager T, P
7 soûler T, P
10 soulever T, P
7 souligner T
61 soumettre T, P

7 soumissionner I, T
7 soupçonner T
7 souper I
10 soupeser T
7 soupirer I, T
7 sourciller I
85 sourire I, Ti
85 se sourire P,
      p.p. invariable
86 souscrire I, T, Ti
18 sous-employer T
58 sous-entendre T
7 sous-estimer T
7 sous-évaluer T
7 sous-exposer T
7 sous-louer T
7 sous-payer T
58 sous-tendre T
7 sous-titrer T
66 soustraire T, D, P,
      pas de passé ant. ni de subj.
      imparf.
7 sous-traiter I, T
24 soutenir T, P
7 soutirer T
24 souvenir I, P
7 soviétiser T
7 spatialiser T, P
7 spécialiser T, P
16 spécifier T
7 spéculer I
7 spiritualiser T
16 spolier T
7 sponsoriser T
7 sprinter I
7 squatter T
7 squeezer T
7 stabiliser T, P
7 stagner I
7 standardiser T
7 stationner I, être ou
      avoir
7 statuer T, Ti
16 statufier T
16 sténographier T

7 stériliser T
7 stigmatiser T
7 stimuler T
7 stipuler T
7 stocker T
7 stopper I, T
16 stratifier T
7 stresser I, T, P
16 strier T
7 structurer T, P
stupéfaire T, D, seul.
    3e pers. sing., prés. ind. et
    temps comp. ; p. p. *stupéfait,*
    stupéfaite
16 stupéfier T
7 styliser T
7 subdiviser T, P
20 subir I, T
7 subjuguer T
7 sublimer I, T
9 submerger T
7 subodorer T
7 subordonner T, P
7 suborner T
9 subroger T
7 subsister I
7 substantiver T
7 substituer T, P
7 subtiliser I, T, P
24 subvenir Ti
7 subventionner T
11 succéder Ti
11 se succéder P,
    p.p. invariable
7 succomber I, Ti
8 sucer I, T, P
7 suçoter T
7 sucrer I, T, P
7 suer I, T
87 suffire I, Ti
87 se suffire P,
    p.p. invariable

7 suffixer T
7 suffoquer I, T
11 suggérer I, T
7 suggestionner T
7 se suicider P
7 suinter I, I
7 sulfater T
7 sulfurer T
7 superposer T, P
7 superviser T
7 supplanter T, P
14 suppléer T, Ti
7 supplémenter T
16 supplicier T
16 supplier T
7 supporter T, P
7 supposer T
7 supprimer T, P
7 suppurer I
7 supputer T
7 surabonder I
7 surajouter T
7 suralimenter T
7 surbaisser T
9 surcharger T
7 surchauffer T
7 surclasser T
10 surélever T
20 surenchérir I
7 surentraîner T
7 suréquiper T
7 surestimer T, P
7 surévaluer T
7 surexciter T
7 surexploiter T
7 surexposer T
7 surfacturer T
7 surfer I
7 surfiler T
13 surgeler T

20 surgir I
7 surimposer T
20 surinvestir I
12 surjeter T
7 surligner T
10 surmener T, P
7 surmonter T, P
9 surnager I
7 surnommer T
7 surpasser T, P
17 surpayer T
7 surpiquer T
7 surplomber I, T
59 surprendre T, P
88 surproduire T
9 surprotéger T
7 sursauter I
54 surseoir T, Ti,
    p.p. sans féminin : *sursis*
7 surtaxer T
7 surveiller T, P
24 survenir I, être
82 survivre I, T, Ti
82 se survivre P,
    p.p. invariable
7 survoler T
7 survolter T
7 susciter T
7 suspecter T, P
58 suspendre T, P
7 sustenter T, P
7 susurrer I, T
7 suturer T
7 swinguer I
7 symboliser T
7 sympathiser I
7 synchroniser T
7 syncoper I, T
7 syndicaliser T
7 syndiquer T, P
7 synthétiser I, T
7 systématiser I, T, P

T : transitif direct (p.p. variable) • **Ti** : transitif indirect (p.p. invariable) • **I** : intransitif (p.p. invariable) • **P** : construction pronominale • **imp.** : verbe impersonnel • **D** : verbe défectif • **être** :
verbe conjugué avec l'auxiliaire *être* • **être ou avoir** : conjugué avec les deux auxiliaires

T

7 tabasser T, P
7 tabler Ti
7 tacher I, T, P
7 tâcher T, Ti
12 tacheter T
7 taguer I, T
7 taillader T
7 tailler I, T, P
68 taire T, P
7 talonner I, T
7 talquer T
7 tambouriner I, T
7 tamiser I, T
7 tamponner T, P
8 tancer T
7 tanguer I
7 tanner T
7 taper I, T, P
20 se tapir P
7 tapisser T
7 tapoter I, T
7 taquiner T, P
7 tarabiscoter T
7 tarabuster T
7 tarauder T
7 tarder I, Ti
7 tarer T
7 se targuer P
20 tarir I, T, P
7 tartiner I, T
7 tasser I, T, P
7 tâter T, Ti, P
7 tâtonner I
7 tatouer T
7 taxer T
7 tchatcher I
7 techniciser T
7 techniser T
7 technocratiser T
62 teindre T, P
7 teinter T, P

7 télécommander T
7 télédiffuser T
16 télégraphier I, T
7 téléguider T
7 téléphoner I, T, Ti, P
7 télescoper T, P
7 téléviser T
7 témoigner T, Ti
11 tempérer T, P
7 tempêter I
7 temporiser I, T
7 tenailler T
58 tendre T, Ti, P
24 tenir I, T, Ti, P
7 tenter I, T
7 tergiverser I
7 terminer T, P
20 ternir I, T, P
7 terrasser I, T
7 terrer I, T, P
16 terrifier T
7 terroriser T
7 tester I, T
7 tétaniser T, P
11 téter I, T
7 texturer T
7 théâtraliser I, T
7 théoriser I, T
7 thésauriser I, T
20 tiédir I, T
7 timbrer T
7 tinter I, T, Ti
7 tiquer I
7 tirailler I, T
7 tire-bouchonner I, T, P
7 tirer I, T, Ti, P
7 tisonner I, T
7 tisser Ts
7 titiller I, T
7 titrer T
7 tituber I
7 titulariser T
7 toiletter T
7 toiser T, P
11 tolérer T, P

7 tomber I, T, être ou avoir
58 tondre T
16 tonifier T
7 tonitruer I
7 tonner I
7 tonsurer T
7 toper I
7 toquer I, P
7 torcher T, P
58 tordre T, P
14 toréer I
7 torpiller T
7 torréfier T
7 torsader T
7 tortiller I, T, P
7 torturer T, P
7 totaliser T
7 toucher T, Ti, P
7 touiller T
7 tourbillonner I
7 tourmenter T, P
7 tournailler I
7 tournebouler T
7 tourner I, T, être ou avoir, P
7 tournicoter I
7 tourniquer I
18 tournoyer I
7 tousser I
7 toussoter I
7 tracasser T, P
7 tracer T
7 tracter T
88 traduire T, P
7 traficoter I
7 trafiquer T, Ti
20 trahir T, P
7 traînailler I
7 traînasser I, T
7 traîner I, T, P
66 traire T, D, sans passé ant. ni subj. imparf.
7 traiter T, Ti, P
7 tramer T, P

7 trancher I, T	30 tressaillir I	7 typer T
7 tranquilliser T, P	7 tressauter I	16 typographier T
7 transbahuter T	7 tresser T	7 tyranniser T
7 transborder T	7 treuiller T	
7 transcender T, P	7 trianguler T	
7 transcoder T	7 tricher I	
86 transcrire T	7 tricoter I, T	
11 transférer T	16 trier T	**U**
7 transfigurer T	7 trifouiller I, T	
7 transformer T, P	7 trimbal(l)er T, P	11 ulcérer T, P
7 transfuser T	7 trimer I	7 (h)ululer I
7 transgresser T	7 trinquer I	16 unifier T, P
7 transhumer I, T	7 triompher I, Ti	7 uniformiser T
9 transiger I	7 tripatouiller T	20 unir T, P
20 transir I, T	7 tripler I, T	7 universaliser T, P
7 transiter I, T	7 tripoter I, T	7 urbaniser T
61 transmettre T, P	7 triturer T	7 uriner I, T
7 transmigrer I	7 tromper T, P	7 user T, Ti, P
7 transmu(t)er T, P	12 trompeter I, T	7 usiner T
69 transparaître I	7 tronçonner T	7 usurper I, T
8 transpercer T	7 trôner I	7 utiliser T
7 transpirer I, T	7 tronquer T	
7 transplanter T, P	7 troquer T	
7 transporter T, P	7 trotter I, P	
7 transposer T	7 trottiner I	
7 transvaser T	7 troubler T, P	**V**
7 traquer T	7 trouer T	
7 traumatiser T	7 se trouer P	7 vacciner T
7 travailler I, T, Ti	7 trousser T, P	7 vaciller I
7 travailloter I	7 trouver T, P	7 vadrouiller I
7 traverser T	7 truander I, T	7 vagabonder I
20 travestir T, P	7 trucider T	20 vagir I
7 trébucher I, T, être ou	7 truffer T	65 vaincre I, T
avoir	7 truquer I, T	7 valdinguer I
7 trembler I	7 truster T	7 valider T
7 trembloter I	7 tuber T	49 valoir I, T, P
7 se trémousser P	7 tuer I, T, P	7 valoriser T
7 tremper I, T, P	16 tuméfier T, P	7 valser I, T
7 trépaner T	7 turlupiner T	7 vamper T
7 trépasser I, être ou avoir	7 tuteurer T	7 vampiriser T
7 trépider I	18 tutoyer T, P	7 vandaliser T
7 trépigner I, T	7 tuyauter I, T	7 vanner T

T : transitif direct (p.p. variable) • **Ti** : transitif indirect (p.p. invariable) • **I** : intransitif (p.p. invariable) • **P** : construction pronominale • **imp.** : verbe impersonnel • **D** : verbe défectif • **être** : verbe conjugué avec l'auxilliaire *être* • **être ou avoir** : conjugué avec les deux auxilliaires

7 vanter T, P
7 vaporiser T
7 vaquer I, Ti
16 varier I, T
7 vasouiller I
7 se vautrer P
11 végéter I
7 véhiculer T, P
7 veiller I, T, Ti
7 veiner T
7 vêler I
7 velouter T, P
9 vendanger I, T
58 vendre I, T, P
11 vénérer T
9 venger T, P
24 venir I, être
24 s'en venir P
7 venter imp. : il vente
7 ventiler T
7 verbaliser I, T
20 verdir I, T
18 verdoyer I
16 vérifier T, P
7 vermillonner I, T
20 vernir T
7 vernisser T
7 verrouiller T, P
7 verser I, T, P
16 versifier I, T
27 vêtir T, P
7 vexer T, P
7 viabiliser T
7 vibrer I, T

16 vicier I, T
9 vidanger T
7 vider T, P
20 vieillir I, T, être ou avoir, P
7 vilipender T
7 villégiaturer I
7 viner T
16 vinifier T
8 violacer T, P
7 violenter T
7 violer T
7 virer I, T, Ti
7 virevolter I
7 viriliser T
9 viser I, T, Ti
7 visionner T
7 visiter T
7 visser T, P
7 visualiser T
7 vitrer T
16 vitrifier T
7 vitrioler T
11 vitupérer I, T
16 vivifier T
7 vivoter I
82 vivre I, T
7 vocaliser I, T
11 vociférer I, T
7 voguer I
7 voiler I, T, P
41 voir I, T, Ti, P
7 voisiner I
7 voiturer T
7 volatiliser T, P

7 voler I, T, P
12 voleter I
17 volleyer I
9 voltiger I
20 vomir I, T
7 voter I, T
7 vouer T, P
50 vouloir I, T, Ti, P
50 s'en vouloir P, p.p.
   invariable
7 voûter T, P
18 vouvoyer T, P
9 voyager I
7 vriller I, T
20 vrombir I
7 vulcaniser T
7 vulgariser T

Z

7 zapper I, T
11 zébrer T
17 zézayer I
7 zieuter T
7 zigouiller T
7 zigzaguer I
7 zoner I, T
7 zoomer T, Ti
7 zouker I
7 zozoter I

Cet ouvrage a été achevé d'imprimer en juin 2007
dans les ateliers de Normandie Roto Impression s.a.s., 61250 Lonrai
Nº d'imprimeur : 071689. Dépôt légal : 90551. Juillet 2007. *Imprimé en France*